Regine Möbius
Panzer gegen die Freiheit

Schriftenreihe des Sächsischen Landesbeauftragten für die Stasi-Unterlagen

Der Sächsische Landesbeauftragte für die Unterlagen des Staatssicherheitsdienstes der ehemaligen DDR

Regine Möbius

Panzer gegen die Freiheit

Zeitzeugen des 17. Juni 1953 berichten

EVANGELISCHE VERLAGSANSTALT
Leipzig

Die Deutsche Bibliothek – Bibliographische Informationen
Die Deutsche Bibliothek verzeichnet diese Publikation in der Deutschen
Nationalbibliographie; detaillierte bibliographische Daten sind im Internet
über <http://dnb.ddb.de> abrufbar

Inhalt

Vorwort

Auflösung der Länder, Kollektivierung der Bauern, Bekämpfung der Kirchen, Verschärfung des Strafrechts, Justizterror und Militarisierung – das waren die Dinge, die auf der 2. Parteikonferenz der SED im Juli 1952 in die Wege geleitet wurden, als man den »Aufbau des Sozialismus in der DDR« beschloss. Auch nach Stalins Tod im März 1953 nahm der Druck auf die Bevölkerung nicht ab – und ebenso wenig die Fluchtwelle in Richtung Westen. Die kommunistische Überformung der Gesellschaft gipfelte in der Umbenennung von Chemnitz in »Karl-Marx-Stadt« im Mai 1953. Erst auf Druck aus Moskau hin verkündete die SED-Führung am 9. Juni 1953 einen »Neuen Kurs«: Den Bauern, Handwerkern und Privatunternehmen machte man Zugeständnisse, die Strafurteile sollten überprüft und politische Gefangene freigelassen werden, die systematische Verfolgung der evangelischen »Jungen Gemeinden« stellte man ein. Nur die Normerhöhungen für die Arbeiter blieben bestehen. Streiks ab dem 11. Juni waren die Folge.

Dank der über das westliche Radio verbreiteten Informationen über die Erhebung der Ostberliner Bauarbeiter am 16. Juni, kam es am Folgetag in der ganzen DDR zu Streiks und gewaltigen Demonstrationen. Aus der Wut der Industriearbeiter erwuchs ein Arbeiteraufstand, und dieser entwickelte sich am 17. Juni zu einem landesweiten Volksaufstand. Zentrale Ziele der Aufständischen waren die Herstellung demokratischer Verhältnisse und die Einheit Deutschlands. In einigen Städten, wie z.B. in Görlitz, waren bereits die gesamte Funktionärsschicht abgesetzt, ein neues Stadtkomitee gebildet und alle politischen Gefangenen befreit. Erst durch den Einsatz sowjetischer Panzer ist der Aufstand niedergeschlagen worden.

Doch auch die West-Alliierten wollten damals am geopolitischen status quo nicht rütteln lassen. Der Aufruf zum Generalstreik durfte über den RIAS nicht bekannt gemacht werden. Es gehört zu den paradoxen Ergebnissen des 17. Juni, dass wohl gerade wegen des Aufstands das Ulbricht-Regime aus Moskau weiter gestützt wurde.

Auch wenn der Sturz des Politbüros letztlich scheiterte, es bleibt das Verdienst der Aufständischen von 1953, dass die SED-Diktatur auf Dauer delegitimiert wurde. Der 17. Juni blieb das Symbol dafür, dass das SED-Regime seine Herrschaft allein den Panzern der Roten Armee verdankte. Allein das Wissen um die Tatsache, dass sich 1953 ein machtvoller Aufstand gegen das Regime spontan und in kürzester Zeit seinen Weg durch das ganze Land gebahnt hatte, hat den nachfolgenden Generationen eine Perspektive verliehen, die über den zeitlichen Horizont der DDR hinausreichte.

Wir wissen heute, dass über eine Million Menschen an dem Aufstand beteiligt waren, dass dreizehn Volkspolizei- und Stasi-Dienststellen erstürmt und zwölf Gefängnisse befreit wurden. Wir wissen, dass sechzig bis achtzig Menschen durch Kugeln auf den Straßen ums Leben kamen und achtzehn standrechtlich erschossen wurden; und wir wissen, dass 13.000 – 15.000 Akteure verhaftet und ca. 1.800 von DDR-Gerichten verurteilt worden sind. Wovon wir aber viel zu wenig wissen, das ist die emotionale Seite das Geschehens: Wie hat die SED-Politik der frühen DDR auf die Menschen gewirkt? Wie haben die Ereignisse des 17. Juni auf diejenigen gewirkt, die unmittelbar dabei waren? Und welche Spuren haben die Repressionen, insbesondere die Jahre im Zuchthaus, bei den Betroffenen hinterlassen?

Die Leipziger Schriftstellerin Regine Möbius hat sich auf den Weg gemacht, um genau diesen Fragen nachzugehen. Sie hat Menschen aufgesucht, die den Volksaufstand in Sachsen und benachbarten Städten miterlebt haben, und hat deren Berichte aufgeschrieben. Es ist Regine Möbius in hervorragender Weise gelungen, die authentische Perspektive der Beteiligten sichtbar zu machen. In besonderer Weise ist auch Frau Dr. Heidi Roth, Herrn Dr. Hans-Christian Herrmann und Herrn Stefan Gööck zu danken, die die Arbeit am Buch aktiv begleitet haben.

Ebenso muss der Fotografin Gaby Waldeck gedankt werden, die die Autorin bei den meisten Interviews begleitete und dabei die Mehrzahl der Portraitaufnahmen anfertigte. Für die Überlassung der zahlreichen Ereignisfotos vom 17. Juni 1953 aus Leipzig, Halle, Görlitz, Bitterfeld, Leuna und Dresden sei den jeweiligen Fotografen sowie dem Stadtgeschichtlichen Museum Leipzig, dem Archiv Bürgerbewegung Leipzig, der Friedrich-Ebert-Stiftung Bonn, der Justizvollzugsanstalt Waldheim, dem Kulturamt der Stadt Görlitz, der Bundesbeauftragten für die Stasi-Unterlagen, dem Militärhistorischen Museum Dresden, dem Stadtarchiv Leuna, dem Zeitgeschichte(n) e.V. in Halle und der Landesbeauftragten für die Stasi-Unterlagen in Sachsen-Anhalt herzlich gedankt.

Mit den hier veröffentlichten Zeitzeugenberichten erfahren wir aus erster Hand, wie Menschen vor fünfzig Jahren jene Ereignisse erlebt und empfunden haben, die heute als »historisch« bezeichnet werden. Wir erfahren nicht nur, wie unterschiedlich das Erleben der Geschehnisse schon damals war, sondern wir bekommen auch eine Vorstellung davon, wie verschieden die biographischen Wege waren, die zum 17. Juni hinführten – und wie vielschichtig die Entwicklungslinien sind, die von diesem Datum weiterführten. Geschichtszahlen und Ereignisbeschreibungen werden farbig und plastisch durch die individuelle Erzählung der Zeitzeugen.

Michael Beleites   Sächsischer Landesbeauftragter
                        für die Stasi-Unterlagen

Einführung

Die Kindheit meiner Generation war von den Nachwirkungen des Krieges geprägt. Von Not, von Knappheit in allen Dingen, von im Krieg gebliebenen Familienvätern. Wir, die Deutschen, standen vor dem Nichts. In den frühen Jahren nach dem Krieg – in denen es nichts als Trümmer, zerstörte Städte, entwurzelte und hungernde Menschen gab – bot die Geschichte zwei grundlegend unterschiedliche Ansätze des deutschen Neuanfangs: In der eben gegründeten Bundesrepublik wurde der Wiederaufbau durch den Marshallplan forciert, in der DDR ließen Reparationszahlungen an die verbündete sowjetische Besatzungsmacht das neue Staatsgebilde fast ausbluten. Die Menschen, die nicht im Krieg geblieben waren, versuchten ihre Existenz zu sichern, und mussten sich gleichzeitig eingestehen, ihr Leben, ihre Gesundheit und häufig auch ihre besten Jahre einer Lüge unerhörten Ausmaßes geopfert zu haben. Im Zuge des westlichen Wirtschaftswunders wurden Freiheit, Chancengleichheit und Pluralismus als neue Errungenschaften postuliert. Aber die tiefsitzende Angst vor dem Kommunismus hat die politische Szene in der Bundesrepublik geprägt.

Auf der anderen Seite stand in der DDR das Motto »Auferstanden aus Ruinen«, ein Slogan, der gleichzeitig Titel der östlichen Nationalhymne war. In der DDR wollte man die Macht in die Hände der Arbeiter und Bauern legen – demokratisch und antifaschistisch selbstverständlich – und vereinte KPD und SPD mit dem auf das Parteiabzeichen gebannten Händedruck zur SED. Die SED definierte sich als die Trägerin der revolutionären, fortschrittlichen Traditionen in Deutschland und sah sich deshalb legitimiert, politisch und ideologisch all jene zu bekämpfen und zu eliminieren, die ihr im Wege standen. Sie wurden als Feinde und als Agenten des Imperialismus stigmatisiert. Die Partei glaubte, über eine ideologisch unterfütterte Erziehung, die im Kindergarten begann, in der Schule fortgeführt wurde und an den Universitäten, in den Betrieben und selbst in den

Ferienheimen eine spezielle Ausformung hatte, einen sozialistischen Menschen heranziehen zu können. Der Erste Vorsitzende der Kommunistischen Partei der Sowjetunion war Vorbild und Ideal. Unser »Generalissimus«, unser »Väterchen Stalin« wurde er genannt. Stalin war am 5. März 1953 gestorben.

Die sowjetische Führung hatte danach über einige Fehler des »großen Stalin« Rauchzeichen aufsteigen lassen und verordnete der SED den »Neuen Kurs«. In den ersten Juni-Tagen wurden Ulbricht und Grotewohl darüber unterrichtet. Notgedrungen erließ der Ministerrat Verordnungen, die die schlimmsten Unterdrückungsmechanismen abmildern sollten: Rückkehrende West-Flüchtlinge sollten unbehelligt bleiben können und ihr Eigentum zurückbekommen, Selbstständige sollten wieder mit Lebensmittelkarten versorgt werden.

Die Hetzkampagnen gegen die Junge Gemeinde machten vorübergehend einer stillen Duldung Platz. Noch im April 1953 hatte man in einer Extraausgabe der Zeitung »Junge Welt« lesen können: » ›Junge Gemeinde‹ – Tarnorganisation für Kriegshetze, Sabotage und Spionage im USA-Auftrag ...«. Politbüromitglieder kritisierten Walter Ulbrichts Führungsstil und forderten eine Verbesserung der Leitungsarbeit. Aber der angekündigte »Neue Kurs« öffnete Juni 1953 ein Ventil, das schon lange unter Überdruck gestanden hatte.

Dieser Tag, der 17. Juni 1953, war das erste politische Ereignis, das ich bewusst erlebt habe. Ich war zehn Jahre alt und habe davon so viel verstanden, wie ein Kind eben versteht. An meine Gefühlslage, eine Mischung aus Furcht und Neugier, erinnere ich mich noch deutlich. Mein Vater, der Maschinenbau-Ingenieur war und in einem Leipziger Stahlbaubetrieb arbeitete, erzählte an jenem Nachmittag, als er nach Hause kam, von den Demonstrationen, und dass er den dumpfen Ton heranrollender Panzer gehört habe. Die Not des Krieges noch deutlich im Gedächtnis, schickte mich meine Mutter sofort zum Bäcker, um nochmals Brot zu kaufen. Beschwichtigend versuchte mein Vater, ihre Aufregung zu mildern und meinte: »Auf dem Markt in der Innenstadt brennt der Pavillon der Nationalen Front; ich wette, jetzt wird sich bald alles für uns ändern.«

Der brennende Pavillon, das Symbol des Angriffs auf die aufgezwungene SED-Agitation, spielt in sehr vielen Berichten von Zeitzeugen des 17. Juni 1953 eine zentrale Rolle. Verstanden die einen die Plünderung des Pavillons als Provokation von Randalierern, war das für andere die erste Abrechnung mit den SED-Funktionären. So erlebte jeder seinen ureigenen 17. Juni, seine persönliche Auseinandersetzung mit der Republik, seine Abrechnung mit sich selbst und dem, was er sich erhofft hatte. Für ein paar Tage verschwanden die meisten Parteiabzeichen von den Revers. Mancher hatte erwogen, sein Parteibuch hinzuwerfen, aber nach der ersten großen Verhaftungswelle und den Gerüchten von standrechtlichen Erschießungen legte sich lähmende Stille über den Staat DDR.

In dieser Geschichte lebten wir, sie hatte Wirkung auf unser Leben. Günter Grass erinnerte in seinem Erzählband »Mein Jahrhundert« der distanzierten, vielleicht auch hilflosen Haltung im westlichen Deutschland gegenüber dem 17. Juni und spricht von »einem verregneten Arbeiteraufstand, der, kaum war er niedergeschlagen (...) zum Feiertag verklärt wurde, wobei es im Westen bei jeder Abfeier mehr und mehr Verkehrstote gab. Die Toten im Osten jedoch waren erschossen, gelyncht, hingerichtet worden.«

Inzwischen hat ein halbes Jahrhundert Zeitgeschichte mit wechselnden Betrachtungen die Konturen dieses Tages verwischt. Gab es bis zur friedlichen Revolution 1989 eine bundesdeutsche und eine DDR-Variante des 17. Juni, war danach die Zeit gekommen, sich der Realität neu zu stellen, die Dabeigewesenen neu zu befragen.

Indem Geschichte, das Betrachten von Geschichte, immer auch Veränderungen unterliegt, sind jetzt, fünfzig Jahre danach, die Auskünfte von Zeitzeugen, von Arbeitern, Angestellten, Künstlern, Theologen und Wissenschaftlern wichtig. Nach langen, oft sehr berührenden Gesprächen habe ich dann

Der brennende Propaganda-Pavillon der „Nationalen Front" am Leipziger Markt.

beim Schreiben ausgewählt, gekürzt, zusammengefasst und komponierend den Text ergänzt bzw. erweitert. Dabei habe ich allerdings in keiner Weise die Grundaussagen verfälscht. Alle Texte wurden in der bearbeiteten Fassung von den Zeitzeugen autorisiert. Die vorliegende literarische Darstellung sind die paraphrasierten Gespräche, die in persönlicher und subjektiver Form die Irrtümer, Beobachtungen, Konflikte und Haltungen zur Sprache bringt.

Aus der spannenden Mischung von Privat- und Zeitgeschichte entstanden Mosaiksteine eines vielschichtigen Bildes. Aus der Perspektive von Zeitzeugen treten die Nachkriegsjahre und der 17. Juni 1953 erneut in die Debatte.

Regine Möbius

Horst Drescher, Schriftsteller,
Jahrgang 1929, war 1953 Student in Leipzig.

»Und dann kamen die Sieger.«

Horst Drescher

Ja die Panzer, die sowjetischen Panzer, die Russenpanzer, von einer Stunde zur anderen waren wir wieder im Kriegszustand, verdeckte, verdrängte Verhältnisse traten offen auf; dabei fiel die Rote Armee ja nicht vom Himmel, sie lebten in den Kasernen, hinter ihren endlosen grünblauen hohen Bretterwänden. Und ganze Armeen in den Wäldern, den Sperrgebieten, seit Jahren ein halbverdrängtes Nichtgeheimnis. In den Straßen sahen wir nur die Offiziersgattinnen in Pelzmänteln und Pelzkappen, Magazin Univermag, Grimmaische Straße.

Das Jahr 1945 hatte ich intensiv erlebt, ein Sechzehnjähriger erlebt intensiv, vor allem, wenn er in Uniform steckt und die Front wochenlang dröhnen hört. Acht Jahre waren vergangen seit jener Zeit, die Angst, die Ängste, die Seele erinnerte sich. Die T34 oder was immer es gewesen waren, sie hatten alle strategischen Punkte der Stadt besetzt. An den Mauern klebten über Nacht kleine Plakate. Befehl Nr. 1, deutsch und russisch. Nächtliche Ausgangssperre und wie eben ab sofort der Stadtkommandant die Befehlsgewalt hat über die Stadt samt den entsprechenden Warnungen betreffs Erschossenwerden bei Zuwiderhandlungen; na, im Museum für Zeitgeschichte wird sich so ein Plakat finden.

Wenn diese schwarzgrünen Kriegskolosse durch die Straßen donnern, so mit fünfzig Stundenkilometern, so drohend rasselnd, da muss nicht geschossen werden, da sind die Machtverhältnisse geklärt. Widerstand sinnlos, zwecklos. Natürlich werden von ganz Mutigen Steine geworfen, aber das erzählt es ja nur. Wenn die Panzer herummanövrierten auf dem Bahnhofsvorplatz in den folgenden Tagen und dabei mit ihren Ketten die graniten Bordsteinbegrenzungsplatten herausrissen und unvermeidlich herumschleuderten, da wussten die Passanten, was von Stund an zu gewärtigen war. Ausnahmezustand.

Aber das alles ist hundertmal erzählt worden in den letzten fünfzig Jahren und von kompetenteren »Zeitzeugen«. Ich bin zwar gelernter Werkzeugmacher, habe aber diesen Arbeiteraufstand nicht in der Zittauer Maschinenfabrik erlebt, sondern als Student, wir waren nervlich verschlissen von wochenlangen Abiturprüfungen, die letzten, die Sportprüfungen, waren am Vormittag jenes 17. Juni. Anschließend wurden wir in die brodelnde Stadt geschickt, um mit den Aufständischen über die Richtigkeit der Politik von Partei und Regierung zu diskutieren. Wie geschockt die Leitung der Fakultät war, das war der erste Schock, so eifrig-freundlich und still hatte ich diese Parteileitung noch niemals erlebt, den Genossen wurde empfohlen, die Parteiabzeichen abzumachen, ernster konnte also die Lage nicht werden.

Durch die menschenerfüllte Stadt fuhren die Straßenbahnen mit den wildesten staatsfeindlichen Losungen; ich dachte, ich bin in einem Film. Über der Innenstadt lag der schwarze Rauch des brennenden »Pavillon der Nationalen Front«, das war ein beachtliches Gebäude, wer weiß, wie es zu dem heiteren Namen gekommen war, die Bibliothek brannte wohl so intensiv. Als wir uns unter die Menschenmenge am Markt mischten, da bahnte sich mit Sirenengeheul ein Löschfahrzeug der Feuerwehr seinen Weg; das Sirenengeheul der Rettungswagen lag den ganzen Tag über der Stadt. Die Feuerwehrmänner kamen aber gar nicht zum Schläucheausrollen; sie wurden mit Pflastersteinen empfangen, es wurde lebensgefährlich, der blanke Hass in den Gesichtern, Rowdyvolk, aber auch viele Studentengesichter, junge Männer um die Zwanzig; man konnte ahnen, nicht zum Studium zugelassen, der Vater abgeholt und in einem Lager »verstorben«, Enteignungen. Gesichter sind immer Summen in solcher Situation. Das Pflichtgefühl der Feuerwehrmänner war erstaunlich, sie mussten fliehen, wagten dann aber eine zweite Anfahrt, es kam nicht einmal mehr zum Halt des Fahrzeugs im Steinhagel. Flucht war ihre einzige Rettungsmöglichkeit.

Die Stimmung samt Umschlag der Stimmung wie fokussiert in einer Szene Ritterstraße-Querstraße, dort war das Gebäude der FDJ-Bezirksleitung gestürmt worden. Auf der Straße ein brennender Scheiterhaufen herausgestürzter Büromöbel, auch wurden unter Gejohle Fahnen abgefackelt. Aus den Fenstern flogen noch Karteikästen, auch ein Telefon. Diese Szene ist oftmals geschildert worden, die Fakultäten hatten ihre Studenten dorthin geschickt, um einzugreifen, keiner griff ein, dort waren Menschenmengen! Da bog aus der Goethestraße in flotter Fahrt ein Jeep ein, zwei Offiziere der Roten Armee sprangen mit gezogener Pistole aus diesem Kübelwagen und rein ins Haus! Stille auf der Straße. Und nach einer Minute kam nichts mehr aus dem Fenster geflogen; es wurde gar nicht geschossen im Hause, es war nicht nötig. Auch zwei junge Offiziere waren die Besatzungsmacht. Und wie schnell diese Straßenecke menschenleer war. Nur der Aufstandsplünderscheiterhaufen brannte ab. Übrigens im Souterrain des Nebenhauses, einer Halbruine, da machten zwei Frauen die Gardinen ab und verstauten sie in Wäschekörben, aber wie flink! Schnell, schnell, ehe die Revolution vorbei ist!

Kleine Episoden, die eine jede ihren Teil vom Ganzen erzählen. Auf dem Karl-Marx-Platz an der großen Universitätsruine hielt ein Planenlastwagen, ihm entstiegen umständlich Volkspolizisten, ihnen wurden von Männern die Karabiner weggenommen, sie schlugen die Kolben gegen Trümmerquader, zwei Hiebe und die Waffe ist unbrauchbar, das Holz platzt ab. Diese Arbeiter waren auch Profis, Krieg und Gefangenschaft, es fiel kein Wort, keine körperliche Gewalt, eine merkwürdige Entwaffnung. Die da geschickt worden waren, Ordnung zu schaffen, es waren ganz junge Kerle, die Angst stand ihnen im Gesicht. Aber der Tag war noch nicht zu Ende.

Bertolt Brecht, einer vom »Emigranten-Adel«, so lautete unter uns die respektvoll-ironische Bezeichnung für jene heimgekehrten Vertriebenen, Namhafte oder Namhaftgemachte, an denen wir jungen Ratlosen uns orientierten, Brecht hatte es aphoristisch auf den Punkt gebracht. Dieser Aufstand war ihm die herbe Kontaktnahme der Arbeitermacht mit den Arbeitern. Eine Ernüchterung, und hart und sorgfältig vergessen in den folgenden 36 Jahren. Sein Kommentar zu Ausführungen des Dichters Kuba, wie tief enttäuscht die Regierung von ihren Arbeitern sei, und dass die lange und hart werden arbeiten müssen, um diese Scharte auszuwetzen, Brechts Gegenvorschlag war, die Obrigkeit löst das Problem an der Wurzel und wählt sich ein neues Volk bei der nächsten Volkswahl! Solche bittere Ironie erzählt von der entstandenen Lage, auch von Brechts Lage und der aller in eine Deutsche Demokratische Republik heimgekehrten Emigranten. Kaum gutsituiert, etabliert und hofiert, und wie war es ihnen denn ergangen in dieser Emigration, elend! Und nun gleich dieses gesellschaftliche Erdbeben auf einer eventuell ebenfalls nach oben offenen Skala. Eine für uns Jüngere schwer vorstellbare neue existentielle Verunsicherung; oftmals die letzte, drei Jahre später ist Brecht gestorben.

Noch eine Szene sei erinnert. An der Goethestraße, gegenüber der Oper war ein Kaffeehaus gehobener Klasse, später wurde da ein Gebäude modernen Stils errichtet, wie oft haben die Kulissen sich verschoben und haben gewechselt seit dem Kriege, der Name ist mir nicht mehr erinnerlich dieses doch recht eleganten Kaffeehauses. Dort waren die Tische voll besetzt, und die befrackten Kellner eilten bedienend, als die unübersehbaren Fabrikarbeiter-Kolonnen vom Bahnhof her in diese Straße einbogen, Zwölferreihen oder Sechzehnerreihen, man denke an den Herbst '89, es waren die Belegschaften großer Betriebe, wohl aus dem Norden Leipzigs, Bleichert hieß so ein volkseigener Betrieb und hatte bis vor kurzem noch der Sowjetunion gehört. Die Menschenmassen kamen marschiert wie eine Flut, alle in ihren Schlosseranzügen, wie sie die Streiknachricht erreicht hatte bei der Arbeit, in den ersten Reihen die Kräftigsten, die waren zu einigem entschlossen!

Ich lief mit Passanten zwischen den offenen Fenstern des Kaffeehauses und den Streik-Kolonnen, da waren etwa drei

Stadtgeschichtliches Museum Leipzig/Helga Müller

»Solidarität mit Berlin«: Demonstrationszug vorm Leipziger Hauptbahnhof

Meter oder dreieinhalb Meter Abstand zwischen den beiden Welten. Die einen waren entschlossen, diesen Staat zu verändern, notfalls mit Gewalt, die anderen aßen ihr Stück Torte oder löffelten einen Eisbecher zum Kaffee, die Kellner bedienten, komplimentierten, kassierten, verbeugten sich vor Trinkgeldern: Kaffeehaus. Sie blickten schon auch manchmal hinaus in den Lärm, die breiten Fenster standen offen, ein schöner Sommertag! – Eine Szene, die sich Nachgeborene kaum auszudenken vermöchten, da alles Erinnerte einer Dramaturgie unterliegt, aber das Leben hat keine Dramaturgie, es ist das Leben.

Ja, was war es denn nun gewesen, jedenfalls eine herbe Zäsur in der DDR-Geschichte vor 50 Jahren, folgenreich und letztlich bis heute wirkend; jene 1990 evaluierten Professoren und Direktoren waren die Abiturienten vom Sommer 1953! Und der darüber so mutig und souverän geschrieben hat und so meisterhaft, Uwe Johnson, er ist lange tot, daran gestorben letzten Endes. Sein Roman wurde im Osten nicht gedruckt, zu wenig DDR-Gesinnung, und er wurde im Westen nicht gedruckt, zu viel DDR-Gesinnung. Eine verpasste Gelegenheit,

19

die Ereignisse und ihr Umfeld kenntnisreich und gerecht kennenzulernen. Die 1989 aufgedeckte Stasi-Welt, Stasiunterwelt, sie hatte ihre Wurzeln im Sommer 1953; es waren so schwarze Tage für die Macht, da erwuchs der Entschluss: Das passiert uns nicht ein zweites Mal. Jetzt wollen wir wissen und von jedem, was er sagt in den Versammlungen und was er denkt außerhalb der Versammlungen. Der Beginn von Schicksalen, hunderttausend Schicksalen.

Zwei Historikerforschungs-Ergebnisse liegen ja vor: Es war ein konterrevolutionärer Putsch imperialistischer Agenten, schnell und hart zu vergessen. Es war ein Volksaufstand, der zum »Tag der deutschen Einheit« wurde. Er wurde es, aber es hat gedauert, sogar Initiatoren hatten es inzwischen vergessen.

Auch ich habe mir meine Gedanken gemacht in den Jahrzehnten. Man hatte sich wohl einiges an Einsichten verbaut, indem man es auf ein Datum genagelt hat, also letztlich ein Tag. Nach einem halben Jahrhundert vermag man wohl zu sehen, was für eine umfassende Revolte es gewesen sein mag in einem elenden, zerbombten und von sechs Jahren Krieg ruinierten Nachkriegsdeutschland. Ich habe einiges mitgemacht, im Winter 1945 auf '46 und im Frühjahr habe ich Webereien mit ausgeräumt, die Maschinen in Kisten eingeschalt für Reparationen, eine schlimme und zudem völlig sinnlose Zerstörungsarbeit im gekommenen Frieden.

Lange Vorgeschichte und lange Nachgeschichte. Dem Staatsvolk wurde ein großer Sprung zugemutet, und der misslang. Wer an die Macht kommt, der hat große Pläne, und kommt jemand von ganz unten, der hat ganz große Pläne. Dem Staatsvolk fällt dabei der leichtere Part zu, es muss sie nur ausführen, die Entbehrungen auf sich nehmen. Also zunächst sind einmal die Trümmer von den vorigen großen Plänen wegzuräumen. Aber die Arbeitenden liefen den Planenden davon. Ein hungerndes Volk lässt sich nochmals viel gefallen, aber eben nicht alles. Unsere Volksmärchen sind konzentrierte Volkserfahrungen, in den »Bremer Stadtmusikanten« sagen sich die schikanierten

Tiere eines Tages: Genug, etwas Besseres als das findest du überall! Und die blieben, die revoltierten. Heute weiß man, dass Moskau der DDR-Führung einen »neuen Kurs« verordnet hatte, einen milderen. In Moskau hatte man Erfahrungen im Regieren fremder Völker, wie Aufstände niedergeschlagen werden, wie Aufstände verhindert werden. Für uns war es ein gefühltes Chaos, für sie war es eine wohldosierte Aktion.

Ehrend gedacht sei der naiv-mutigen Streikführer, Arbeiter, die sich von Arbeitskollegen überreden ließen, voranzugehen; schließlich musste ja einer die jahrelange lähmende Angst überwinden. Vorm Standgericht erfuhr er dann, dass er einen 3. Weltkrieg ausgelöst hätte, bewusst oder unbewusst, wie die so folgenreiche furchtbare Phrase damals lautete. Und wie mutiges und selbstloses Verhalten honoriert wird von den Vorsichtigeren, also Klügeren, das muss ja nicht immer wieder erzählt werden.

Mit größter Hochachtung sollte auch jener jungen Männer in der Uniform der Besatzungsmacht gedacht werden, die sich, in einen Aufruhr verwickelt, geweigert haben, auf Demonstranten zu schießen, ob in Prag oder Ostberlin oder Budapest. Womöglich hatte eine Mutter sie zu so einem Anstand erzogen, zu solchem Respekt vor dem Menschenleben, und die Soldaten sahen doch, dass sie auf Ihresgleichen schossen. Welche Naivität, denn gegen das Eingezogenwerden zum Militär konnten sie sich nicht wehren, und auf Befehlsverweigerung steht die Todesstrafe, die unehrenhafte Todesstrafe. Das abschreckende Beispiel. Wer weiß, wo und wie man sie verscharrt hat. Haben sie ein Denkmal? Welche Ehrentafel nennt ihre Namen? Sie hatten den Mut, nicht auf uns zu schießen und haben es mit ihrem Leben bezahlt.

Ja, was für eine Revolte damals, die Revolte eines unerhört und unsäglich geschundenen Volkes, Teilvolkes, aber dann kamen die Sieger. Und das Große Schweigen über alles Geschehene. Und wir dachten mit den Jahren, diese Siegersicht auf die Dinge währt ewig. Nichts währt ewig.

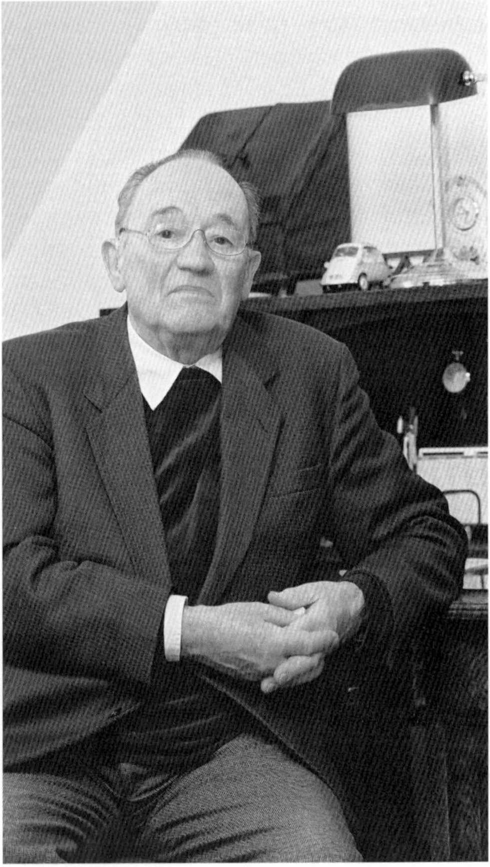

Gaby Waldeck

Horst Mende, Wirtschaftsjournalist, Jahrgang 1919, war 1953 als politischer Häftling im Leipziger Gefängnis in der Alfred-Kästner-Straße.

»Das war psychische Folter.«
Horst Mende

Langsam normalisierte sich nach dem Krieg das Leben wieder. In unserer kleinen Wohnung im vierten Stock haben wir auf dem Balkon drei Hühner und Kaninchen gehalten. Und in den Parkanlagen waren alle Grünflächen zu Beeten umfunktioniert, auf denen die Mieter der umliegenden Häuser Tomaten, Möhren und andere Gemüse anbauten. Da musste nachts immer einer Wache halten.

Und nun hieß es, wovon sollen wir leben. Der Vater stand ohne Arbeit da, weil er in der NSDAP war. Also galt es die Eltern mit zu ernähren. Meine Frau war Buchhändlerin. Da haben wir eine alte Wehrmachtsbaracke auf dem großen Leipziger Kasernengelände gekauft, haben sie abgebaut und in der Landsberger Straße unten am Lothringer Platz, der heute Coppiplatz heißt, ein großes Grundstück enttrümmert. Dort wurde die Baracke wieder aufgestellt und ein Geschäft für Bücher und Papierwaren eröffnet. Mein Vater holte früh die Zeitungen und alles ran, meine Frau führte eine Leihbücherei mit ungefähr 500 Büchern. Damals gab es noch kein Fernsehen und die Leute haben gelesen, noch und noch. Mit diesem Geschäft haben wir uns finanziell über die Runden gebracht. Und nebenbei ging es immer noch auf den Schwarzmarkt.

Allmählich blühte die Innenstadt wieder auf, die meisten Geschäfte waren noch da. Der Klavierladen Blüthner und die alten Restaurants waren noch in privater Hand. Von Enteignung war noch nicht die Rede. Nur ausgesprochene Nazis wurden abgeholt oder bekamen die Geschäftserlaubnis entzogen. Die Geschäfte der Hainstraße und der Mädlerpassage hatten alle wieder geöffnet. Da war vorne ein großer Friseur, Leipzigs größter Friseur, den haben wir dann im Gefängnis wieder getroffen, so wie viele andere Geschäftsleute der Mädlerpassage und der Stadt. Das Bild, das sich in jenen Monaten vor uns auftat, war ein durchweg positives. Wir glaubten fest an eine neue Ordnung. Und deshalb haben wir uns auch mit der neuen Ideologie befasst, haben gesagt: Ja, wenn das so ist und es gehört dazu, da muss man sich einmal in der Woche die Vorlesungen über Marxismus-Leninismus in der Universität anhören.

Mit der Zwangsvereinigung der SPD mit der KPD kam der Wandel. Wer sich immatrikulieren lassen wollte, musste einer der Blockparteien angehören. Ich war in die SPD eingetreten, hatte sogar die SPD-Studentengruppe mit gegründet. Und über Nacht war man in der SED. Viele meinten, man hätte mindestens mal gefragt werden müssen. Die Sozialdemokraten waren im Grunde genommen die schärfsten Gegner der Kommunisten. Und die Kommunisten verachteten die Sozialdemokraten, sie sagten Sozialfaschisten. Also, das war eine komische Zusammenführung: Überall wo maßgebende Positionen zu besetzen waren, wurden plötzlich Kommunisten eingesetzt. Und das machte böses Blut. Der Ärger ging schon los, weil das alles unter der Hand geschah, nicht offiziell. Leise, heimlich, fast illegal wurden bisherige SPD-Männer unter irgendeinem fadenscheinigen Grund abgelöst. Viele protestierten deutlich. Die wurden abgeholt und verschwanden. Ich habe im Zuchthaus Waldheim SPD-Funktionäre getroffen, die waren in derselben Zelle, in der sie schon bei den Nazis gesessen hatten. Sie fanden sogar ihr Eingekritzeltes noch. In Waldheim waren sehr viele ehemalige Sozialdemokraten. Den Eingangszellenbau nannten die Häftlinge »Kuhstall«. Der war noch aus dem 17. Jahrhundert und einer der ältesten Gefängnisbauten überhaupt in Deutschland. Um die Neuankömmlinge wahrscheinlich erst einmal zu schocken, um ihnen einen Vorgeschmack zu geben, was der Begriff »Waldheim« bedeutet, kamen sie anfangs für einige Tage in diesen »Kuhstall«. Seine schmalen Zellen mit kleinen Viereckfenstern und dicken Eisenstäben erinnerten an das Mittelalter. An ihren übertünchten Wänden waren Namen und Daten eingeritzt. Zurückgehend bis in die Nazizeit. Eben auch von damaligen SPD-Leuten. In den Zuchthäusern der DDR sind damals wegen der unmenschlichen Verhältnisse über dreihundert Sozialdemokraten kaputt gegangen.

Nun aber zurück nach Leipzig, wo ich seit 1946 studierte. Die sich nach und nach überall in der DDR abzeichnenden Verhältnisse wiesen deutlich auf eine Diktatur hin. Betriebe wurden enteignet, die Bodenreform rigoros durchgezogen, Schauprozesse sollten die Leute einschüchtern. Mein Freund Wolfgang Natonek wurde bei der ersten Studentenratswahl mit absoluter Mehrheit zum Vorsitzenden gewählt. Sogar einige von den Linken müssen für ihn gestimmt haben, denn sonst hätte er nicht diese deutliche Mehrheit bekommen. Für die Obrigkeit war es ärgerlich, dass nicht Kommunisten im Studentenrat das Sagen hatten. Deshalb wurde die Wahl wiederholt. Angeblich seien Wahlfehler vorgekommen. Die zweite Wahl ergab, dass der Natonek noch mehr Stimmen bekam. Und da brannten die Sicherungen durch. Natonek war Halbjude. Sein Vater war maßgebender Redakteur bei der Leipziger Zeitung gewesen, emigrierte dann über die Tschechoslowakei nach Amerika. Die Mutter blieb mit ihrem Sohn da, weil sie Nichtjüdin war. Mein Freund war ein begnadeter Rhetoriker. Seine Reden zur Studentenratswahl waren einmalig. Der Audimax war voll bis oben hin, wenn Wolfgang Natonek in der Ritterstraße sprach. In einer Rede sagte er einmal: »Kommilitonen, es ist noch gar nicht so lange her, das kennt ihr ja alle, ich habe es am eigenen Leibe miterlebt, da musste man an unserer Uni bei der Immatrikulation eine »arische Großmutter« nachweisen. Das war bei den Nazis so. Heute sind wir schon wieder so weit, dass wir eine »prolet-arische Großmutter« nachweisen müssen, wenn wir uns hier eintragen wollen.« – Da haben fast alle getobt und enthusiastisch auf die Tische getrommelt. Das war zu viel, der Mann musste weg. Innerhalb von 14 Tagen verschwand Natonek und mit ihm ein Teil des Studentenrates. Das war für mich der Punkt, wo ich gesagt habe: »Jetzt ist es aus.«

Nicht, dass ich Bomben legen wollte oder jemanden umlegen. Aber ich dachte, vielleicht kann ich manches verhüten, indem die Westpresse davon erfährt. Die SED-Genossen haben ja immer darüber gestaunt, dass dem RIAS, dem Radio im amerikanischen Sektor, DDR-Interna vorlagen. Der wurde meistens durch Studenten mit Nachrichten versorgt. Es war kein Problem, mit dem Zug von Leipzig nach Berlin zu fahren, da es noch keine Mauer gab. Von Leipzig kommend, endete der D-Zug auf dem Anhalter Bahnhof, der im amerikanischen Sektor lag. Das war unsere Form von Opposition. Dadurch konnten wir vor uns selbst sagen: »Also diesmal machst du nicht mit, diesmal bist du mutig.«

Wir wollten uns mit unseren Waffen, mit den geistigen Waffen, einmischen. Wenn Leute abgeholt wurden, haben wir das nach Berlin übermittelt. Da gab es ein Ostbüro der SPD, wo man hingehen konnte. Es war manchmal so voll, dass man ins Schöneberger Rathaus in den Keller musste. Dort konnte man sich ausklagen und alles erzählen, was geschehen war. Darin sahen wir unseren Widerstand.

Nach dem Studium kam ein Schreiben vom ZK (Zentralkomitee) in Berlin: Ich sollte mich in der Kaderabteilung vorstellen. War schon mysteriös, wenn man da reinkam. Als erstes durch eine Schleuse, in der man durchsucht wurde, ob man eine Bombe bei sich hat. Dann in der Kaderabteilung ein höherer Genosse, der sagte: »Also Genosse Mende, Sie haben ja jetzt Ihr Studium abgeschlossen, und was haben Sie sich denn so gedacht? Sie können sich hier nicht einfach etwas raussuchen. Im Außenministerium gibt es eine Möglichkeit.« Die Situation war so: In der jungen DDR gab es in den Ministerien zu wenig Fachkräfte. Man hatte Leute nach dem Parteibuch reingestopft, die gerade ihren Namen schreiben konnten. Nun waren die Genossen in der Führungsebene froh, dass die ersten Absolventen von den Universitäten kamen. Wir waren also was wert. Und da habe ich gesagt, wenn ich mir nicht selber was aussuchen kann und die Partei mich da gerne sehen möchte, dann gehe ich nach Berlin ins Außenministerium.

Natürlich dachte ich im Hinterkopf: Da kommst du raus. Aber das war nicht möglich. Der Außenminister Georg Dertinger von der CDU machte mich zu seinem Pressesprecher für

Wirtschaftsfragen. Die Atmosphäre im Ministerium war von aufgezwungenen Ritualen geprägt. Das Parteichinesisch der SED musste jedem gebildeten Menschen zuwider sein. Wenn ich zu Außenminister Dertinger wollte, musste ich zum Parteibetriebsgruppenleiter der SED und musste den Antrag stellen, meinen Chef sprechen zu dürfen. In der Anfangszeit hatte ich überwiegend russische Berater um mich. Für mich war eine Frau Klein zuständig, eine Russin, die einen deutschen Mann geheiratet hatte. Die kam rein, knallte die Türe, wühlte auf meinem Schreibtisch herum und fragte mich aus. Nach dem Motto: Wir müssen euch erst einmal beibringen, was Außenpolitik überhaupt ist. In gewissem Sinne hatte sie schon Recht, aber nicht auf diese Art und Weise. Ein Studienkollege hatte im Ministerium auch ein Referat bekommen. Als ich ihn einmal besuchte, blickte ich verwundert auf seinen Schreibtisch, der vom Ausmaß einer Tischtennisplatte ähnelte und voll belegt war mit Büchern und Stadtplänen von Bielefeld. Darauf konnte ich mir keinen Reim machen und fragte. Seine Antwort verblüffte mich total: »Ich bereite mich darauf vor«, erwiderte er allen Ernstes, »wenn wir Bielefeld mal in der Hand haben. Da werde ich dort Bürgermeister. Ich weiß heute schon besser Bescheid über Bielefeld als der jetzige.« Die Partei war überzeugt, dass es nur eine Frage der Zeit war, wann Westdeutschland übernommen werden würde. Man plante, zu einem Zeitpunkt, an dem die Amerikaner im eigenen Land Schwierigkeiten hatten, in Westdeutschland einen Arbeiteraufstand zu inszenieren. Dann würde solidarisch die DDR zu Hilfe gerufen. Die sollte mit Arbeitergruppen anrücken, um den »geknechteten Westdeutschen« zu helfen. Das alles in der Überzeugung, die Rote Armee im Rücken zu haben. Die Amerikaner, war die feste Überzeugung der DDR-Führungsriege, würden wegen dem kleinen Westdeutschland nicht einen Atomkrieg riskieren. Das waren keine Traumvorstellungen, sondern real durchdachte Konstrukte.

Immer mehr hatte ich das Gefühl, der Umgang mit diesen Leuten würde mich alt und krank machen. Meine Erfahrung sagte mir, dass es eine Veränderung geben musste. Erleichtert nahm ich das Angebot eines Studienkollegen an, zur DEFA zu wechseln. Dort arbeiteten noch viele alte Ufa-Fritzen, die man allmählich ersetzen wollte. Ich landete in der DEFA-Dokumentarfilmabteilung in der Jägerstraße.

Unter der Woche war ich meistens in der ganzen DDR unterwegs. Da gab es kein Parteigruppen-Getue. »Der Augenzeuge« zeigte neben der obligatorischen Agitation auch normales Leben, also Modenschauen, Sportereignisse oder Theaterpremieren.

Donnerstags, spät abends, kamen die ersten Kopien der Filme aus der Kopieranstalt. Das war die »Augenzeuge«-Wochenpremiere. Noch in der Nacht sah sich Walter Ulbricht jede Wochenschau minuziös als Erster an. Wenn diese Kontrolle durch war, fuhr ich am Freitag oder Sonnabend nach Hause, denn meine Familie wohnte noch in Leipzig.

Hier, in dieser Stadt, mit der mich von Geburt an so viel verband, wurde ich am 9. November 1952 verhaftet. Man behauptete, ich gehöre zur Schumacher-Bande von Kurt König, der im Auftrag von CIC (Counterintelligence Corps, Spionageabwehrcorps der USA) oder anderen Dienststellen Militärspionage betrieben haben soll. Kurt König war ein Radioingenieur, der in den tätigen Widerstand gegangen war. Er war einer der wenigen, die auf ihre Weise das System zersetzen oder wenigstens schwächen wollten. Er hat Autonummern von Fahrzeugen aufgeschrieben, die an militärischen Übungen teilgenommen haben und diese weitergegeben. Auf mich war die Stasi gestoßen, weil mein Name in Königs Notizbuch vermerkt war. Gleichgesinnte hatten ihm geraten, wenn einmal Gefahr im Verzug sei, wäre Mendes Wohnung in der Landsberger Straße eine mögliche Zwischenstation. Ich hatte schon einmal zwei Pfarrersöhnen aus Eutritzsch, die verhaftet werden sollten, geholfen. Vielleicht war es der Wechsel vom Außenministerium zur DEFA, hinter dem man irgend etwas vermutete.

Während der Verhöre auf einem Gang hörte ich von einem führenden Stasi-Offizier: »Der weiß noch mehr, der kommt mal

zu mir raus nach Leutzsch, den werden wir weich klopfen.«
Dann kam ich nach Leutzsch in die ehemalige Mädler-Villa, eine
berüchtigte Außenstelle der Staatssicherheit. Moritz Mädler war
von den Nazis verfolgt worden, weil er Juden geholfen hatte. Aus
der Villa wurde er vertrieben und die Gestapo kam rein. Als nach
dem Krieg die Russen einzogen, bauten sie die Kellerräume aus.
Nachdem die Stasi gegründet worden war und die Mädlervilla
übernahm, wurde weitergebaut. Ein ebenerdiger Trakt wurde
angebaut. Da kamen Fälle hin, deren Verzweiflungsschreie man
nicht hören durfte. Da war neben den Zellen auch ein Dusch-
raum. Das einzig Auffällige war eine kleine Mauer zwischen
den Pfosten der Tür, vielleicht einen Meter hoch, über die man
steigen musste. Als ich unter der Dusche stand, hörte das Wasser aber erst auf zu laufen, als es mir bis zu den Oberschenkeln
stand. Ich hämmerte an die Tür, nichts rührte sich. Die Notdurft
musste ich unter mich lassen. Nach etwa vier Stunden holten sie
mich heraus. Das wiederholte sich noch einmal.

Später ging es wieder zurück in die Dimitroffstraße. Am
schlimmsten waren dort die Nächte und besonders die stun-
denlangen, nächtlichen Verhöre. War man dann total ermüdet
auf der Pritsche eingeschlafen, donnerte es an die Zellentür:
»Nur auf dem Rücken liegen, Hände oben auf der Decke
geradeaus gelegt!« Im Fünfzehn-Minuten-Takt wurden die
Untersuchungshäftlinge durch den Spion überwacht, denn
man fürchtete nichts mehr als Selbstmorde.

Manchmal drehte jemand durch. Man hörte, wie die betref-
fende Zelle aufgeschlossen wurde und der Tobende von mehreren Schließern in eine Beruhigungszelle des Kellers geschleppt
wurde. Dann herrschte wieder eine unheimliche Stille.

Eines Nachts schrie eine Frau: »Ich bin unschuldig, lasst
mich raus! Ich werde verrückt.« Und dann hörte ich, wie
auch sie nach unten gebracht wurde. In der nächsten Nacht
sagte der Vernehmer zu mir: »Hör mal, deine Frau hat sich ja
gestern hier aufgeführt. Das war eine Schande.« Die haben
mich glauben lassen, das sei meine Frau gewesen. Wenn eine

Frau schreit, kann man nicht unterscheiden, ob das eine fremde oder die eigene ist. Das war psychische Folter. Dazu monatelang Einzelhaft. Und in der ganzen Zeit keine frische Luft, keine Zeitung, nichts. Da kommen dann Erscheinungen, da fängt die Zelle an zu schwanken. Der Mensch wird ein tatenloses Nichts ohne Zeit und Raum. Ich hatte den Spitznamen »der Schwache«. Von der ersten Vernehmung an stellte ich mich einfältig. Ich wiederholte ständig, dass ich schon in der Schule als der »Schwache« galt.

Bei einer der ersten Vernehmungen saß mir ein ehemaliger Pfadfinderkamerad gegenüber, einer von den Bündischen. Der war genauso erschrocken wie ich. Daraufhin schickte er seine Schreibhilfe nach einem Kaffee. Ich spürte wieder diese Verbindung der Bündischen, die selbst in dieser Stasi-Situation zuverlässig war. Mein ehemaliger Kamerad flüsterte mir zu: »Du kommst hier nicht raus, ob du unschuldig bist oder nicht. Denk dir eine Geschichte aus und bleibe hundertprozentig dabei! Wir haben diesen Monat unser Soll noch nicht erfüllt. Das heißt, es sind noch nicht genügend verhaftet worden. Und wir finden irgendwas: Du hast mal einen Witz gemacht oder so, und das wird dann aufgebauscht. Wenn wir nichts finden, lassen wir dich so lange schmoren, bis du irgendwas zugibst, nur um rauszukommen.«

Und dann dachte ich mir eine Geschichte aus. Wir hatten mal einen Angestellten in unserem Geschäft. Das war mein ehemaliger Wehrmachtskamerad Franz Böhnlein, genannt »Bohne«. Bohne setzte sich nach West-Berlin ab. Dort verpflichtete er sich als Kontaktmann beim amerikanischen Geheimdienst und beim westdeutschen Amt Blank. Darauf baute ich meine bei allen Vernehmungen wieder vorgebrachte Geschichte auf: Böhnlein hätte mir zu meiner Hochzeit und zur Geschäftsgründung 3000 Mark geliehen. Eines Tages tauchte er in Leipzig auf und forderte: »Ich brauche jetzt mein Geld oder ich gebe den Schuldschein an seriöse Leute in Leipzig weiter, es sei denn, du willst mir ab und zu mal Nachrichten übermitteln. Hin und wieder gehst du doch in die Nordstern-Kneipe am Viertelsweg. Da verkehrt die Volkspolizei. Und was du da siehst oder hörst, gibst du an mich weiter.« Na ja, sagte ich mir, das kann ich schon machen. So schlimm ist das auch wieder nicht. – Diese Geschichte habe ich den Vernehmern immer und immer wieder berichtet. So habe ich sie abgelenkt von meiner wirklichen Widerstandsarbeit. Dass ich das SPD-Ostbüro besucht hatte, dahinter waren sie allerdings gekommen. In dieses Ostbüro hatte die Stasi schon ihre Leute eingeschleust.

Zweimal wurde meine Einzelhaft unterbrochen. Das war zu meinem Geburtstag am 20. Dezember und zu Weihnachten, als ich dem Schließer gesagt hatte, dass er meinem Vernehmer melden soll, ich fände einen Weg, um mich umzubringen, weil ich die Einzelhaft nicht mehr aushalten würde. Und da steckten sie mir dann einen älteren Mann zu, Alfred Decker, der oberste der Zeugen Jehovas in Leipzig. Er war bis nach Weihnachten bei mir. Noch ein zweites Mal wurde die Einzelhaft unterbrochen. Meine Vernehmungen waren bereits abgeschlossen und es ging auf den Gerichtstag zu, das merkte man. Jetzt wurde mir ein Todeskandidat in die Zelle gegeben. Es war Hans Leipner, Besitzer eines bekannten Eck-Cafes am Ranstädter Steinweg (später Jahn-Allee). Der Großhandel war gerade volkseigen geworden und belieferte nur noch die volkseigenen Handelsbetriebe. Private schauten in die Röhre und standen oft vor dem Ruin. Ohne Mehl, Fett, Zucker und anderen wichtigen Backzutaten hätte Leipner seinen Familienbetrieb schließen müssen. Er besorgte sich in Westberlin gefälschte Lebensmittelkarten, mit denen er sein Cafe gerade so über die Runden bringen konnte. Er wurde zum Tode verurteilt. Hans Leipner wurde später in Torgau zu lebenslänglich begnadigt.

Der Mann war nach dem Urteil so fertig, dass er versuchte, sich in seiner Zelle zu erhängen. Mit der Verlegung zu mir wollte man weitere derartige Versuche verhindern. Außerdem war von da ab die Zellentür Tag und Nacht offen. Davor saß ständig ein Wachposten.

Von der Zusammenlegung mit Hans Leipner war ich mit meinen Nerven ebenso am Ende. Ich bekam einen zweiten Nervenzusammenbruch. Als ich ohnmächtig am Boden lag, kamen die Schließer herein und schleppten mich ins Vernehmerzimmer. Dort gab es sofort Kaffee, Zigaretten und belegte Brötchen. »Ich gestehe jetzt alles.«, stammelte ich mit letzter Kraft. Gespannt warteten sie auf mein Geständnis. Da sagte ich: »Ich hatte vor Stalin zu töten, ich plante Ulbricht umzubringen, weil ich ja als Redakteur der DEFA oft in seiner Nähe war. Es wäre mir ein Leichtes gewesen. Ich wollte das ZK der SED in die Luft sprengen, ich wollte ...« Jetzt wurden die Vernehmer ernstlich böse. Sie schrieen mich an: »Du willst uns wohl zum Narren halten.« Ich verfiel in ein erschöpftes Schweigen. Jetzt wurde ihnen wohl klar, dass ich an dem Punkt angelangt war, an dem sie alle Untersuchungshäftlinge haben wollten: Ich war nahe am Durchdrehen. Mit mir war nichts mehr anzufangen.

Im Zuchthaus Waldheim war ein abgesonderter Zellenbau, in dem die Häftlinge dahinvegetierten, die während der Untersuchungshaft verrückt geworden waren.

Endlich, nach über sechs Monaten, war unsere Verhandlung vor dem ersten Senat des Bezirksgerichtes Leipzig. Der Oberrichter Stiller, von den Betroffenen »Blutstiller« genannt, verkündete die Urteile: Kurt König »Todesurteil«. Es wurde am 5. Oktober 1953 morgens um 4.00 Uhr in Dresden vollstreckt. Zwei Frauen bekamen »lebenslänglich«. Mir brummte er fünfzehn Jahre Zuchthaus auf. Ein 18-jähriger Jugendlicher bekam zwölf Jahre. Die Urteilsbegründung beruhte auf dem Sachverhalt, dass wir durch unsere Westverbindungen versucht hatten, die DDR-Regierung zu stürzen und damit ein dritter Weltkrieg hätte entzündet werden können.

Nach der Verhandlung kam ich in eine Großraumzelle. Darin befanden sich zehn überwiegend junge Männer. Die meisten waren Zeugen Jehovas. Sie berichteten, was sich draußen in der letzten Zeit getan hatte. Alle waren der Überzeugung, wir würden nicht mehr lange sitzen.

Dann erfolgte die Verlegung vom üblen Stasi-Knast der Beethovenstraße in das Gefängnis der Kästnerstraße, das eine Art Verteilerstation war. Von hier aus ging es in die verschiedenen sächsischen Strafvollzugsanstalten. Auf dem Leipziger Hauptbahnhof, Bahnsteig 24, stand der so genannte »Grotewohl-Express«. Das war ein Gefangenenwagen, eine ganz üble Kiste. Damit fuhr man drei, vier Tage lang durch die ganze DDR. In Zwickau, Döbeln, Halle usw. wurden Gefangene abgeladen, und andere sind dazugekommen. Klo-Benutzung war nur zeitweilig möglich. Manche ließen alles unter sich. Es war eine einzige Schweinerei.

Ich selbst blieb erst einmal in der Kästnerstraße in Leipzig. Das Gefängnis war zu dieser Zeit überfüllt bis unters Dach. Die Ein-Mann-Zellen waren mit vier Häftlingen überbelegt. In der obersten Etage lagen sogar welche mit Matratzen auf den Gängen. Das waren die leichten Fälle, wir nannten sie die »Mäusediebe«. Obwohl auf engstem Raum, war man froh, nach monatelanger Einzelhaft wieder unter Menschen zu sein. Die Zellengemeinschaft lebte von den Lebensgeschichten der Einzelnen, die wir uns wechselweise erzählten, und von den Plänen, die wir für die Zeit danach schmiedeten. War Häftlingswechsel und ein Neuer kam in die Zelle, berichtete dieser von der aufgeheizten Stimmung, die draußen im Land herrschte.

Am 17. Juni war plötzlich eine unheimliche Stille im Bau. Lediglich die Kalfaktoren liefen über die Gänge. Wir haben geklopft und gefragt, was ist los ist. Sie wussten es nicht oder wollten es nicht sagen. Wie wir im Nachhinein erfahren haben, erhielten die Wachmannschaften den Befehl, sich in die Keller des Landgerichtes zurückzuziehen. Von anderen Orten war die Nachricht gekommen, dass Gefängnisse gestürmt worden waren. Vorher erhielten die Schließer die Anweisung, die Zellen aufzuschließen und nur die Riegel vorzuschieben. Nachdem das geschehen war, verzogen sie sich in die Keller und harrten der Dinge, die da kommen sollten.

In der Zwischenzeit hatte sich eine größere Menschenmenge vor dem Gefängnis eingefunden, vor allem Angehörige der

Panzer rollen über der Leipziger Südstraße/Karl-Liebknecht-Straße in Richtung Zentrum.

Häftlinge. Sie wollten ihre Leute befreien. Mit Deichseln von Pferdewagen und Gerüststangen versuchten sie die schweren Eichentore zu öffnen. Das berichteten uns die Kalfaktoren durch die Zellentür. Wir hörten über die Dächer, wie draußen das Deutschlandlied gesungen wurde.

Wir sahen uns bereits in der Freiheit und packten unsere paar Habseligkeiten zusammen. Doch es kam anders. Plötzlich hörten wir durch das offene Zellenfenster ein fernes, dumpfes, rollendes Geräusch. Als es näher kam, erkannten die, die im Krieg gewesen waren, dass es das Kettengeräusch von Panzern war, von russischen Panzern, die in die Südstraße einrückten. Jetzt brachen alle Hoffnungen wieder zusammen. Es ist aus, sagten wir uns. Wenige Stunden später waren die Volkspolizisten wieder vollständig im Zellenhaus.

Zwei Tage später, am 19. Juni, kam es zu folgendem Ereignis. Die obere Zellenetage wurde geräumt. Die dort einsitzenden Kleinkriminellen und »Stalintöter« verlegte man nach unten. Die Gruppe der »Stalintöter«, das waren Verurteilte, die am Tag,

34

als Stalins Tod im Radio bekannt gegeben wurde, ihre Freude laut geäußert hatten. Zum Beispiel in einer Kneipe riefen: »Lokalrunde!« Andere sagten in der Straßenbahn: »Gut, dass er tot ist, der Hund.« Diese Leichtsinnigen erhielten alle das Einheitsurteil von fünf Jahren Zuchthaus.

Jetzt kamen in die oberste Etage etwa 60 verhaftete Demonstranten vom 17. Juni. Das waren die so genannten »Xer«. Der 17. Juni war zum »Tag X« erklärt worden.

Wir waren in der Lage von unserer, an einem Absatz der eisernen Treppen liegenden Zelle den Einlieferungsvorgang gut zu verfolgen. Das Glas unseres Türspions war zerschlagen. Wir schoben also die äußere kleine Eisenklappe mit einem Holzstab von innen beiseite. Schon Tage vorher registrierten wir alles, was draußen vor sich ging, zumindest in unserem Abschnitt. Am Tag der Zuführung beobachteten wir, uns ablösend, dass die Neuen nicht hochgeführt, sondern hochgeprügelt wurden. An jedem Treppenabsatz standen zwei Volkspolizisten mit Gummiknüppeln, die auf die Häftlinge einschlugen. Auf der einen Treppe trieben sie die Gefangenen hoch, auf der anderen wieder runter. Und das Ganze noch einmal. Es war eine Prügelorgie.

Ende Juni wiederholte sich der Prügelvorgang noch einmal, als weitere Xer aus dem Landkreis Leipzig eingeliefert wurden. Auch ihre sonstige Behandlung war skandalös. Sie mussten Wutausbrüche und Schläge über sich ergehen lassen. Bei diesen Vorkommnissen wurde das Zellenhaus absolut geräumt. Selbst die Kalfaktoren waren eingeschlossen. Nur an unseren glaslosen Zellenspion hatten die Schließer nicht gedacht. (Der Historiker Gerhard Finn hat dies alles dokumentiert.)

Immerhin erlaubte man den Demonstranten des 17. Juni nach einigen Tagen den üblichen Freigang im Gefängnishof. Von unserem Zellenfenster aus beobachteten wir dabei etwas Ungewöhnliches: Man hatte mit Ölfarbe jedem Häftling auf die Jacke, den Pullover oder das Hemd hinten ein rotes X aufgemalt und sie damit stigmatisiert. Deshalb die Bezeichnung Xer.

Nach dem 17. Juni waren die Leipziger Gefängnisse und alle vergitterten Verwahrungsräume randvoll. An erster Stelle das »Gerechtigkeits-Viereck« Beethoven-Harkort-Dimitroffstraße und Petersssteinweg. Dazu kamen die Leutzscher Mädler-Villa, das Haftkrankenhaus Meusdorf und sogar das Militärgefängnis in der Heerstraße (die heutige Olbrichtstraße). Am Rosenthal war eine leerstehende Villa als Notgefängnis eingerichtet worden.

Für mich war die Haftzeit in der Kästnerstraße auf makabre Weise eindrucksvoll. Viele der Leipziger Geschäftsleute von Rang und Namen waren unter den Gefangenen. Abends, nach Zelleneinschluss, sang ein bekannter Sänger der Leipziger Oper die Abendlieder. Nachrichten wurden untereinander verbreitet, Eheleute bestätigten sich ihre Anwesenheit. Der Adressentausch flog hin und her zwischen den Zellenfenstern. Die Volkspolizisten, noch vom 17. Juni verunsichert, hatten die Vorgänge im Gefängnis nicht mehr richtig im Griff.

Anfang Juli erfolgte dann der Transport mit dem berüchtigten »Grotewohl-Express« in das Zuchthaus Torgau. Hier begrüßte mich mein Freund Wolfgang Natonek mit den Worten: »Auf dich haben wir schon lange gewartet.«

Nach dem 17. Juni 1953 waren die Verhältnisse im Zuchthaus Torgau einerseits erträglich, zum anderen wieder unerträglich. In dem von der Deutschen Wehrmacht hochmodern gebauten Offiziersgefängnis waren die Zellen mit WC, Parkettfußboden und Waschbecken versehen. Dann als DDR-Zuchthaus von den üblichen, völlig überbelegten Einmannzellen geprägt. Nach dem Aufstand vom 17. Juni führte die Volkspolizei die Häftlingsselbstverwaltung ein. In dem großen Kreuzzellenbau sah man die Bewacher fast nur noch beim morgendlichen Aufschließen und abends beim Einschluss. Tagsüber waren die Zellen nur verriegelt. Den sonstigen Tagesablauf regelten die Häftlinge selbst. Dabei hatten die »Politischen« alles in der Hand. Ganz anders sah es bei den Arbeitskommandos aus. Ich wurde dem Schrottkommando zugeteilt. In einer großen Halle zerlegte ich zusammen mit anderen Häftlingen Kriegsschrott

Das Zuchthaus in Waldheim

und sortierte das begehrte Buntmetall aus. Es gab nicht den geringsten Arbeitsschutz. Bei gelegentlichen Explosionen gab es Verletzte, nebenbei noch lebensgefährliche Bleivergiftungen. Bei 10-Stunden-Schichten einschließlich der Nachtschichten war diese Arbeit mit Zwangsarbeit zu vergleichen.

Nach einem Jahr, die Häftlingsselbstverwaltung war wieder abgeschafft, wurde ich in einer Gruppe von etwa 100 Gefangenen in das Zuchthaus Waldheim verlegt. Das war für uns wie ein Wechsel vom Tag in die Nacht. Auf einer Anhöhe liegend, waren von den Torgauer Zellenfenstern die Elbauen zu überblicken gewesen. Der riesige Zuchthauskomplex Waldheims dagegen lag wie hingeduckt in einem tiefen Tal. Das größte Gebäude nannten die Häftlinge »Die Bremen«. Es glich einem riesigen Ozeandampfer. Heute noch ist es einer der größten Gefängnisbauten in Europa.

Hier erlebte ich den absoluten Tiefpunkt meiner Haftjahre. Beim ständigen Zusammenleben von vier bis fünf Menschen auf engstem Zellenraum erwies sich das Auskommen mit manchen

»Kriminellen« gelegentlich einfacher als mit manchem »Politischen«. Kam man wie ich in eine Zelle, wo ausschließlich Kriminelle von der übelsten Sorte waren, konnte das allerdings die Hölle sein. Ihr angestauter Hass auf alles, was sie als gebildet ansahen, entlud sich auf mich. Als Letzter in die Zelle gekommen, die vier Stockbetten waren schon belegt, bestand mein Nachtlager in einer am Boden ausgebreiteten Matratze in der Nähe des Kübels. In Waldheim bestand noch das Kübelsystem. Ein hoher Blechkübel mit Holzdeckel diente der Notdurft. Der ständige infernalische Gestank, verbunden mit den fortlaufenden Verbalinjurien, mit denen man mich belegte, führte zu tiefen Depressionen. Zur Ablenkung schrieb ich mit einer Bleimine kleine Gedichte auf einen Zeitungsrand. Eines davon war meiner Frau gewidmet:

Meiner Frau im November

Grau ausgefranste Wolken treiben
erdnahe über Feld und Stadt.
Sprühregen trübt die Zellenscheiben,
wohl dem, der seine Heimat hat.

Jetzt ist die Zeit, wo in den Städten,
wenn tausend Lichter Feuer sprühn,
im Mittelpunkt, bei frohen Tänzen
die Mädchenwangen rot erglühn.

Kalt glänzt der Stahl der feuchten Stäbe,
der diese Welt von einer freien trennt,
Wie gut, dass noch in unsren Herzen,
das Licht der Hoffnung friedlich brennt.

Geh heim, Geliebte, wo in seiner Ecke
ein Freund Dich buntgekachelt, warm begrüßt.
Er weiß, wie man bei Buch und Lampe
auch trübe Stunden froh genießt …

Sie fanden den Zeitungsrand mit dem Gedicht. Hohnlachend wurde es vorgelesen. Von nun an versicherten sie mir jeden Abend, dass meine Frau in dieser Nacht mit einem anderen schlafen würde. Meine Widerstandskraft ging zu Ende. Die vielen Haftjahre vor Augen, beschloss ich, meinem Leben ein Ende zu setzen. Es sollte durch Erhängen während des Freigangs geschehen. Während dieses Rundgangs konnte, wer wollte, auf der Zelle bleiben. An dem vorgesehenen Tag verließ mich aber der Mut. 24 Stunden später passierte das, was ich als eine Fügung ansah: Zu ungewöhnlicher Zeit flog die Zellentür auf. Draußen standen hohe Volkspolizeioffiziere, die fragten: »Sind hier Handwerker dabei?« Mir heute noch unerklärlich, ohne vorherige Überlegung, wie nach einer inneren Eingebung, rief ich laut: »Hier, ich bin Automechaniker.« Nachdem sie die Häftlingsnummer notiert hatten, flog die Tür wieder zu. Jetzt fielen meine Peiniger über mich her. Sie schlugen auf mich ein, weil sie spürten, ihr Opfer wollte ihnen entkommen. Einer ließ die Meldeklappe fallen, um die Wärter zu alarmieren. Auf Nachfrage des Schließers riefen sie: »Der hier hat die Offiziere belogen, der ist kein Mechaniker, der ist ein Studierter.« »Das wird sich morgen zeigen«, meinte der Wärter ohne eine Antwort zuzulassen. Am nächsten frühen Morgen wurde ich aufgefordert, zwecks Verlegung meine Sachen zu packen. Mit gerollter Decke, von Flüchen begleitet, verließ ich den Raum einer qualvollen Zeit.

In einem großen Zimmer saßen Stasi-Offiziere und hinterfragten die Ausgemusterten nach ihren Berufserfahrungen. Ich erläuterte ihnen, dass ich die fünf Jahre Krieg nur kraftfahrend überstanden hatte. Das genügte ihnen wohl. Tags darauf pferchte man sechsundzwanzig Strafgefangene in einen geschlossen LKW, an dem »VEB Möbeltransport« stand. Eskortiert von zwei stark bewaffneten Polizei-PKW, rollte der »Möbeltransport« auf der Dresdner Autobahn in Richtung Berlin.

In Berlin angekommen, entluden die Polizisten den Transport. Wir befanden uns von nun an in einem großen, hoch ummauerten, mit Hundelaufstreifen gesicherten weitläufigen Gelände. Wir waren Edelhäftlinge im geheimen »Lager X« des Ministeriums für Staatssicherheit der DDR, das direkt neben dem zentralen Untersuchungsgefängnis der Stasi angesiedelt war und unter dem Namen das »U-Boot« berüchtigt war.

Im Lager X waren alle Handwerke vertreten, dazu eine Geheimabteilung. Dort wurden von Häftlingsexperten Falschgeld, Passduplikate, Dokumente und was man sonst noch alles zur Spionage brauchte, angefertigt. Alles arbeitete ausschließlich für das Ministerium. Ich stand also in einer hundert Meter langen Autoreparaturhalle und gestand dem verantwortlichen Häftlings-KFZ-Meister aus Eisenach meine Waldheimer Notlüge. Als Politischer nach Paragraph sechs der Verfassung zeigte er Verständnis. Er brachte mich im Motorenabbau unter. Motoren auseinander legen und im Laugebad reinigen, das konnte ich allemal. In der Halle wurden neben den gepanzerten Regierungsfahrzeugen von Pieck, Ulbricht und Grotewohl vor allem die Wagen der hohen Stasi-Offiziere repariert und gewartet.

Inzwischen war vom Leipziger Staatsanwalt mein Urteil als Härteurteil des Jahres 1953 auf acht Jahre herabgesetzt worden. Nachdem ich zwei Drittel der Strafzeit verbüßt hatte, erfolgte eine »Strafaussetzung auf Bewährung«.

An einem klaren, kalten Januartag wurde ich gegen 16.00 Uhr aus dem Rummelsburger Gefängnis entlassen. Zunächst besuchte ich meine nahe gelegene ehemalige Zweitwohnung am »Treptower Park«. Nach Einbruch der Dunkelheit rollte ich mich unweit des S-Bahnhofs »Treptower Park« sofort nach Vorbeifahrt einer S-Bahn über den Bahndamm. Um 20.00 Uhr trank ich in einer Westberliner Eckkneipe in der Sonnenallee nach über vier Jahren Zwangsenthaltsamkeit mein erstes Bier. Die Berliner Arbeiter erkannten sofort meine Herkunft. Sie spendierten mitfühlend Begrüßungsrunden. Diese, gemischt mit meinem inneren Entlassungsjubel, führten zu einem leicht schwankenden Zustand. Ein Gast der Kneipe fuhr mich mit seinem VW Käfer nach Moabit zu einer Verwandten.

Die üblichen Überprüfungen in dem Auffanglager Marienfelde waren schnell vorbei. Unser spektakulärer Prozess mit dem Todesurteil für Kurt König war bei allen Stellen bereits hinreichend dokumentiert worden. Mit der »Air France« flog ich von der Inselstadt Berlin zum Nürnberger Flughafen. Dort erwarteten mich Familienangehörige mit Blumen und Freudentränen.

Von dieser Zeit an, bis zum Ende meiner Tage, ist für mich neben der Gesundheit die »persönliche Freiheit« das höchste Gut, das dem Menschen auf seinem Lebensweg mitgegeben wird.

Fred Delmare, Schauspieler, Jahrgang 1922,
war 1953 am Leipziger Schauspielhaus engagiert.

Der Stein des Anstoßes

Fred Delmare

Meiner Mutter hatte ich auf dem Sterbebett versprochen, ihr keine Schande zu machen. Oft wird gesagt, ich hätte ihr versprochen, ein Held zu werden. Doch was war das überhaupt, ein Held? War ich nicht schon als Kind einer, als der Vater aus mir einen Boxer machen wollte? Täglich musste ich gegen den harten Sandsack trainieren. Boxhandschuhe gab es nicht, also zog ich mehrere Winterhandschuhe übereinander und spürte jeden Kiesel beim Schlagen gegen den Sack. Auch ein Kriegsheld war aus mir nicht zu machen. Bei einem Meter und sechzig hatte ich aufgehört zu wachsen. Nach einer Vorstellung von »Iwan, der Schreckliche« im Stadttheater Bremerhaven ging mir die Schauspielerei nicht mehr aus dem Kopf.

Im Herbst 1950 kam ich nach Leipzig.

Mit »Diener zweier Herren« begann eine herausfordernde Zeit in Leipzig. In »Egmont« spielte ich den ersten Mann aus dem Volk, in »Hamlet« den zweiten Totengräber. Im Herbst 1953 sollte in Leipzig Hedda Zinners Stück »Der Teufelskreis« uraufgeführt werden. Das Schauspiel hatte Dimitroffs Sieg im Reichstagsbrandprozess zum Inhalt. Ich sollte den kleinen Holländer Marinus van der Lubbe spielen. Jenen angeblichen Brandstifter. Mir schien die Rolle auf den Leib geschrieben zu sein. Aber von einem Tag auf den anderen galt plötzlich nichts mehr.

Einmal im Jahr durfte ich zu meinem Vater nach Kronach fahren. Nach dem Tod meiner Mutter hatte er dreimal versucht sich das Leben zu nehmen, dreimal die Wohnung angezündet. Ich habe sechs Jahre mit dem kranken Mann alleine gelebt. Außer seiner Mutter durfte keiner in die Wohnung. Also zu ihm, in den Westen, wollte ich fahren. Davor allerdings war noch ein Honorar im Leipziger Funkhaus in der Springerstraße abzuholen. Das war am Morgen des 17. Juni. Ich bin von Schleußig aus bis zu den Kammerspielen gefahren. Da blieb die Bahn stehen. Ein Demonstrationszug kam mit Fahnen vorbei. Gerlinde Sommer, eine Kollegin von mir, trug ebenfalls eine. Und ich dachte:

Was ist denn los? »Reih Dich ein«, rief sie. »Na komm Axel!« So nannten mich die Kollegen. Um Gottes Willen, worum geht's denn? Natürlich wusste ich von den Berliner Arbeitern, das hatte ich im RIAS gehört. Auf meine Frage an die Demonstranten: »Was wollt ihr?« Riefen sie: »Mehr Butter!« »Ich muss zum Funk, mein Geld holen.« »Na geh hin, morgen gibt's keinen Funk mehr.« Da habe ich gedacht, ich hör nicht richtig. Zwischen Ringmessehaus und dem »Gastmahl des Meeres«, am Anfang der damaligen Dr.-Kurt-Fischer-Straße, war ein riesiges Plakat gespannt. Keine Ahnung, was darauf stand. Als ich dort ankam, hing es bereits in Fetzen an der Hausmauer herunter.

Je näher ich der Springerstraße kam, umso mehr Leute begegneten mir. Chaos, als ich ins Funkhaus trat. Ein Schwerbeschädigter, der den linken Arm verloren hatte, wurde weggedrängt und auf die Seite geschmissen. Eine Frau mit einem riesigen Busen, ein Sporthemd darüber und einen Schraubenschlüssel in der Hand, zertrümmerte die Bilder von Stalin, Ulbricht und Grotewohl. Johlender Beifall bei jedem zerschlagenen Bild, das auf den Boden fiel.

Mit einem Mal trat aus der Menge ein Mann im braunen Anzug auf mich zu und fragte mich, was ich hier zu suchen hätte. Ich erzählte ihm von den Hörspielen, den Geschichten und den Kindermärchen, die wir aufgenommen hatten. Da meinte ein anderer: »Lass den Kleinen gehen, über den haben wir im Theater manchmal noch was zu lachen.« Damit war das Thema erledigt. Als ich in der Verwaltung mein Honorar haben wollte, spürte ich unterschwellig den Vorwurf: Der holt das Geld, um nach dem Westen zu fahren. Und der Mann, der mir den Reisepass aushändigen musste, zog alle Formalitäten so in die Länge, dass der nächste Interzonenzug weg war. Froh, wieder auf der Straße zu sein, nahm ich den kürzesten Weg zum Schauspielhaus, um etwas zu essen. Stimmengewirr in der Kantine. Auch die Kaderleiterin, die keiner leiden konnte, war anwesend.

In dem Moment ging die Tür auf. Es kam Max Burghardt rein und sagte: »Kinder, am Dimitroff-Museum ist der Teufel los: Leute, so weit man sehen kann, und die Polizei sperrt alles ab.«

Panzer vorm Reichsgericht/Dimitroff-Museum

Das Museum lag auf meinem Weg nach Schleußig, wo ich wohnte. Das Beste war wohl, nach Hause zu gehen, denn ich wollte keinen Ärger haben. Und einen Grund zu protestieren gab es für mich nicht. Schon von weitem sah ich, wie die Demonstranten mit einem Rammbalken gegen das Haus der »Leipziger Volkszeitung« zogen. Plötzlich war ich mittendrin. Hinter der Volkszeitung war das Gerichtsgebäude. Dorthin wurde ich im Demonstrationszug mitgeschoben. Zurück konnte ich nicht mehr. Immer wieder Rufe: »Lasst die Gefangenen frei.« Ein Junge mit einem Fahrrad, der vergeblich versuchte, an den Rand des Zuges zu kommen, wurde ebenfalls mitgeschoben und immer dichter in meine Richtung gedrängt. Nach den nächsten Schritten spürte ich das Rad an meinem Hosenbein. An dem Hosenbein meines guten braunen Anzugs. Wütend fuhr ich den Jungen an und bückte mich, um die Radspuren

Demonstranten vor der Staatsanwaltschaft in der Leipziger Beethovenstraße

von der Hose zu entfernen. In diesem Moment fielen Schüsse, nur wenige Meter von mir entfernt. Ein sechsjähriger Junge schrie auf, er war an der Wade getroffen. Rechts von mir brach seine Schwester zusammen. Ich hatte nur einen Gedanken: Das hätte mich treffen können. Voller Angst und Wut schrie ich in Richtung des Gerichtes: »Jetzt schießen die Schweine!« Mitten in diesem Tumult bildete sich eine Gasse, denn alle um mich herum bückten sich über die Verletzten. Nur nach Hause, dachte ich und lief um mein Leben.

So fuhr ich erst mal nach dem Westen und war drei Tage bei meinem Vater. Kaum zurückgekommen, klingelte das Telefon, dran war Frau Bernhard, die Sekretärin vom Intendanten: »Herr Delmare, sie sollen ...« »Was heißt Delmare«, sagte ich, »wir sind per du.« »Ach so, entschuldige, hier herrscht heillose Aufregung. Der Chef will dich morgen früh um halb acht sprechen.« Und so bin ich um halb acht hin.

Auf dem Flur traf ich bereits Gerlinde Sommer und den Kammersänger Schwenkreis. Auch die wussten nicht, was los war. Im Chef-Büro saßen bereits eine Menge Leute. Kaum einen kannte ich. Dann wurde ein Stuhl in die Mitte gestellt, auf

Lothar Noll

Ein »Volkspolizist« greift zur Waffe und schießt in die Menge auf der Beethovenstraße.

den ich mich setzen musste. Aus heiterem Himmel begann der Intendant mit einem abstrafenden Eröffnungssatz: »Ich hatte geglaubt, in Fred Delmare einen zuverlässigen Menschen in meinem Kollektiv zu haben. Jetzt sehe ich mich getäuscht.« Dann musste ich erzählen, warum ich am 17. Juni diesen und keinen anderen Weg nach Hause gewählt hatte, warum ich davor im Funkhaus gewesen war, was da und dort passierte, was ich sagte, als die Schüsse fielen. Und ich wiederholte wahrheitsgemäß den im Affekt getanen Ausruf: Jetzt schießen die Schweine. »Warum haben sie das gerufen?«, fragte ein Anwesender in sowjetischer Uniform. In mir stieg wieder jene Mischung aus Angst und Wut auf: »Weil man nicht blind in eine Menge schießt. An eine Beleidigung habe ich nicht gedacht.«, fügte ich noch hinzu. »Dann hören wir mal unseren Zeugen.«, meinte der Soldat: »Zeuge Redelberger, bitte!« Ich dachte, ich höre nicht richtig. Ein kleines Männchen, ein bisschen kleiner noch als ich, trat ein. Es war unser Inspizient. Keiner konnte ihn leiden. Da kommt dieser Krüppel, mit dem ich nie ein böses Wort gewechselt habe, rein und fängt an mit hämischem Blick zu berichten: »Herr Delmare kam mit einer Gruppe junger

Menschen.« Zwischenfrage des Uniformierten: »War er der Anführer?« Redelberger antwortete: »Er löste sich aus dieser Gruppe und hob mit einem verschmitzten Lächeln einen Stein auf.« Ich wurde hemmungslos. Mir war alles scheißegal. Ich sagte: »Nehmen Sie den Mann hier weg, der ist wahnsinnig.« Dann holte ich mein Taschentuch hervor, erzählte und zeigte, wie ich versucht hatte, meine Hose zu säubern. Da gab es keinen geworfenen Stein, keinen Anführer.

Wenn der Redelberger nicht sowieso abgeholt worden wäre, worin ich eine Art Gerechtigkeit des sozialistischen Herrgottes sah, hätte ich ihm den Hintern so voll gehauen, dass er nicht mehr gewusst hätte, wer er ist. Eigentlich konnte dieses Tribunal ja nicht nur aus verblendeten Eiferern bestehen. Immer wieder wurde nachgehakt. Die Sowjets fragten besonders intensiv: »Warum haben Sie gemacht diese Äußerung?« Ich sagte: »Das Geschoss hätte mich treffen können, und vielleicht hätte ich wieder drei Jahre im Krankenhaus gelegen. Ich stehe dazu, dass es eine Schweinerei ist, auf Frauen und Kinder zu schießen.«

Dazu bekannte ich mich, schließlich schien mir meine Erklärung plausibel. Eigentlich hätten sich alle totlachen können, wie ich in diese Geschichte reingerutscht war. Aber die Frager blieben hartnäckig. Den Gedanken, das sei ein Verhör, versuchte ich zu verdrängen. Endlich gelang es einem, Ruhe in die Auseinandersetzung zu bringen. Es war Büstel, ein Kollege von der Gewerkschaft Kunst. Er schlug einen Lokaltermin vor. Ein Auto wurde bestellt und wir fuhren in Richtung Petersstein- weg/ Dimitroff-Straße bis hin zum Untersuchungsgefängnis. Für Augenblicke hatte ich die Vorstellung, in eine Falle geraten zu können: Wenn sie mich jetzt einsperren würden ... Erst einmal begann einer der Polizisten nach einem Stein zu suchen. Und wir fanden einen, der war in der Größe meines Daumens. Das Polizeigebäude war ungefähr 170 bis 180 Meter entfernt. Als ich zur Untersuchungsgruppe hinzutrat, hörte ich, wie der Polizist meinte: »Also, liebe Kollegen, ich glaube, bei der Olympiade wirft kein Mensch über 100 Meter. Erste Frage: Wo soll Delmare hingeworfen haben? Zweite: Wir haben uns überzeugt, dass ist dieser Stein. Wen soll er damit beworfen haben?« So fuhren wir nach eingehender Besichtigung zurück zum Theater. Dort zog man sich zur Beratung zurück, um mir im Anschluss daran mitzuteilen, dass ich mangels Beweisen freigesprochen werde.

Trotzdem war ich nach dem 17. Juni voller Sorge. Wir hatten ein herrliches Ensemble. Aber es gab, wie ich nun gemerkt hatte, auch Denunzianten unter den Kollegen. Die konnten nicht mal ehrlich zu sich selbst sein. Waren sie in der Parteigruppe, hatten sie eine Parteimeinung, wenn die Zeitung kam, eine Zeitungsmeinung und privat hatten sie wieder eine andere. Wenn ich die hörte, fiel ich manchmal fast vom Stuhl.

Kurze Zeit danach spielte ich einen politischen Häftling in einem Stück von Julius Fučik. Es war eine kleine Rolle. In der Zeitungsbesprechung wurde sie nicht erwähnt. War das Zufall? Ich hatte das Gefühl, in Ungnade gefallen zu sein. Neue Besetzungen von Stücken bestätigten mir das. Erst mit Johannes R. Bechers »Winterschlacht« konnte ich wieder in die erste Reihe aufsteigen. Becher hatte das Stück bereits 1941 geschrieben, als Warnung und als Belehrung. Es schilderte die Tragödie der Deutschen im Zweiten Weltkrieg an der Front und in der Heimat. Ursprünglich hatte ich in diesem Stück eine sehr kleine Rolle zugewiesen bekommen. Natürlich wurmte mich das. Nach einigen Wochen bekam ich plötzlich von unserem Regisseur Ruede die Rolle des Oberkofler in der »Winterschlacht« angeboten. Ich hatte munkeln hören, dass Helene Weigel, die in einer der Proben anwesend gewesen war, den anderen Darsteller des Oberkofler eher mäßig fand. Ob ich sie mit meiner kleinen Rolle so überzeugt hatte oder ihr Theaterblick in mir den Oberkofler sah, weiß ich nicht. Gesagt haben soll sie in der Kantine: »Der Kleine, das ist Euer Oberkofler.«

Zur Premiere selbst war Becher gekommen. Wir alle waren sehr aufgeregt. Schließlich war er auch unser Kulturminister. Bei der Premierenfeier saß ich zwischen ihm und Burghardt. Plötzlich sagte Becher zu mir: »Sie waren mein bester Oberkofler.« Damit war mein 17. Juni am Theater wohl zu den Akten gelegt worden.

Dr. Lothar Scheithauer (in den 50er Jahren), Germanist, Jahrgang 1923, war 1953 Assistent am Germanistischen Institut der Karl-Marx-Universität Leipzig.

»Dialektischer Materialismus und liberale Willensbildung«

Lothar Scheithauer

Noch nicht mal neunzehn Jahre alt wurde ich 1942 zur Luft-
waffe einberufen und lernte fliegen. Bis zum Ende, im Mai
1945, blieb ich ohne Kriegsverletzung und hatte außerdem
Glück, nie in Gefangenschaft geraten zu sein. Ich bin mit
einem Kameraden aus Karlsbad, der zu seinen Eltern wollte,
aus einem Kessel am Neckarabschnitt zu Fuß ins Vogtland
marschiert. Eine Zeit lang habe ich vom Vogtland aus als land-
wirtschaftlicher Hilfsarbeiter meine Familie versorgt. Eines
Tages schrieb mein Vater aus Leipzig, dass es die Möglichkeit
gibt, bevorzugt zum Studium zugelassen zu werden, wenn man
einer politischen Organisation beitritt.

So habe ich mich für die LDP entschlossen und schon bald
Wolfgang Natonek kennen gelernt, der nicht nur für mich eine
große Rolle gespielt hat, bis er am 11. November 1948 verhaftet, verschleppt und zu fünfundzwanzig Jahren Haft verurteilt
wurde. Ich war in der Organisation der LDP im Bezirksvorstand
Leipzig sein Stellvertreter und außerdem als Studentenreferent
zuständig für alle Fakultäten. Da saß ich neben dem damaligen
Jugendreferenten Manfred Gerlach, einem FDJ-Aktivisten, der
später den Vorstand gegen erbitterten Widerstand einer Mehrheit mit massiven Warnungen zwang, die »führende Rolle der
SED« anzuerkennen. Er war für einige Tage letztes Staatsober-
haupt der DDR.

Eingeschrieben war ich an der Universität für Russisch,
Deutsch, Geschichte und Philosophie. Diese Fächer kamen
meinem Wunsch, Sprache zu gebrauchen und zu ergründen,
vielleicht auch zu lehren, sehr entgegen. Ich hoffte, die in Sprachen überlieferten Wertvorstellungen oder aber gedankenlos
und unkritisch mitgeschleppten, falschen Analogien zu entde-
cken, auf die bis heute »wissenschaftliche Weltanschauungen«
gegründet sind: Wer von »geschichtlicher Entwicklung« redet,

unterstellt damit einen genetisch programmierten Veränderungsprozess der Weltgeschichte; wie in der Biologie, wo es keine Freiheit gibt.

Schließlich wollte ich fremde und eigene Vorurteile und Maßstäbe in Frage stellen, meine Axiome reflektieren und gegebenenfalls korrigieren in einer freien Gesellschaft.

Mein Studium war in den ersten Semestern geradezu opulent, was die Versorgung mit hochprominenten Gelehrten betraf. Das Engagement der damaligen Studenten und Studentinnen sicher auch deshalb außergewöhnlich. Wir saßen in den Trümmern des Johanneums und des Albertinums am Augustusplatz unter schwierigen äußeren Bedingungen. Die Bibliothek und die Archive waren durch den Bombenangriff von 1942 verbrannt und mussten mühsam wieder aufgebaut werden. Welche Ehre, dass Professor Korff, Germanist und Spezialist für das 18. und 19. Jahrhundert, mich nach dem Staatsexamen als Assistenten anforderte. Mein Pech dabei war, dass die FDJ sich sofort erinnerte, dass ich im Januar 1950, als zum ersten Mal die Liste der Nationalen Front für alle Pflicht wurde, gegen diese Einheitsliste in einer großen Versammlung Stellung bezog und gefordert hatte, nach dem gültigen Statut des Leipziger Studentenrats zu wählen. Ich wollte von meinem Recht, für den Studentenrat einen Studenten meines Vertrauens vorzuschlagen, Gebrauch machen. Und es gelang mir, nicht nur zwei Studenten vorzuschlagen, sondern auch per Abstimmung durchzusetzen. Im Saal waren wohl fünfhundert Leute Zeugen dieses Vorgangs. Das verzieh man mir nicht. Fast zwei Jahre musste ich warten, bis man mich zum wissenschaftlichen Assistenten ernannte. Eine von Korff vorgeschlagene finanzielle Förderung meiner Dissertation verweigerte man mir ebenfalls. Es war schwierig, unter solchen Bedingungen zu arbeiten und zu promovieren. Diese Zeit hat mich geprägt. Nebenbei verdiente ich als Theaterkritiker beim »Sächsischen Tageblatt«, der liberalen Zeitung Sachsens, etwas dazu, und habe da meine Frau kennen gelernt, die ebenfalls auf Honorarbasis für die CDU-Zeitung »Union« schrieb.

Die »Alma Mater Lipsiensis« wurde am 5. Mai 1953 umgetauft zur Kaderschmiede einer Klassenkampfpartei namens Karl-Marx-Universität (KMU). Damit wurde feierlich der wissenschaftliche Alleinvertretungsanspruch einer Weltanschauung proklamiert. Inoffiziell wurde er seit Beginn des »Kalten Krieges« 1948 praktiziert: Die fehlende demokratische Mehrheit wurde mit Richtlinien zur Immatrikulation erzwungen: in Form von Privilegien für Professoren und Studienbewerber an einer Arbeiter- und Bauern-Fakultät (ABF). Die Philosophische Fakultät galt als konservativ oder reaktionär, sie vergab keine Professur ohne Habilitationsverfahren. Anders die ABF. In die Studenten der Arbeiter-und-Bauern-Fakultät hatte man große Erwartungen gesetzt, aber weil sich gerade die lernwilligsten und tüchtigsten ABF-Studenten nicht als »handfeste Leute« im Klassenkampf einspannen und von den »bürgerlichen Elementen« in den Seminaren isolieren lassen wollten, mussten die Dogmatiker – ohne die Dialektik dieses Prozesses zu erkennen – ihre Korrumpierungsversuche aufgeben und zu brutalen Methoden übergehen: Denunzierung, Diffamierung, Schikane. Beispielsweise: »Ihr von mir bei der Regierung in Dresden bereits kassiertes Staatsexamen gilt nur, wenn Sie auf die berufliche Option ›Lehramt an der Oberstufe der Einheitsschule‹ verzichten. Wenn nicht, müssen sie bei mir die Prüfung für das Fach Geschichte ablegen.«

Schlimmer noch war das Verbot einer nichtmarxistischen Hochschulgruppe und am 12. November 1948 die Streichung der Stipendien. Am schrecklichsten war die Angst vor Verschleppung bei Nacht und Nebel mit Hilfe der Besatzungsmacht, wie im Fall des einzigen, je in freier Wahl an der Leipziger Universität gewählten Studentenrates mit seinem ersten Vorsitzenden Wolfgang Natonek. Dabei war er mehrfach gewarnt worden. Sein Dilemma bestand in auswegslosen Alternativen: »Wenn ich jetzt meine Kandidatur aufgebe, bin ich feige. Wenn ich jetzt in den Westen gehe, heißt es hier: feiger Agent. Nur wenn ich es darauf ankommen lasse, wahre ich meine Identität. Also habe ich keine andere Wahl.«

All diese Vorkommnisse verschärften meine Ablehnung des Systems. Auch in der Bevölkerung wuchs der Unmut spürbar. Immer mehr verließen über Berlin die DDR. Die von den Funktionären geführten Debatten stellten die Lage hoffnungslos verzerrt dar. Hinzu kam eine staatlich verordnete Normerhöhung, die die schmalen Einkünfte der Arbeiter noch mehr beschnitt. Der Funke, der dieses Gemisch zum Zünden bringen sollte, kam über den so genannten Feindsender RIAS, der von einem Aufstand in Berlin berichtete.

Mit Spannung erwartete man am nächsten Tag, dem 17. Juni, wie das in Leipzig aussehen würde. Ich war befreundet mit einem Mitglied des liberalen Parteivorstands, Dr. Renate Drucker, die die Archivarin der Universität war. Wir hatten uns mit einem Dritten zur Skatrunde im Archiv zwischen der Paulinerkirche und dem Augustinum verabredet, von wo aus wir eine schöne weite Aussicht auf den Augustusplatz hatten. Und dort sahen wir dann auch tatsächlich vom Roßplatz eine Kolonne von vielleicht achtzehn bis zwanzig Bauarbeitern in weißen Arbeitsanzügen herüberkommen. Sie kamen hinter der Ruine des Bildermuseums hervor, am Mendebrunnen vorbei. Bis zum Augustusplatz wurde der kleine Zug immer größer. Und es waren dann vielleicht hundert Leute, die diesem Zug weiter in die Grimmaische Straße folgten. Dieses ermutigende und erstaunliche Ereignis für Leipzig haben wir von dort aus gesehen. In Anbetracht der Schwierigkeit, so etwas zu protokollieren und zu Hause aufzubewahren, haben wir unsere Notizen darüber in einem der blaugrau gehefteten Bände des Archivs versteckt, in der Erwartung, dass vielleicht später einmal jemand zufällig dieses Protokoll finden würde. Ich weiß nicht, was daraus geworden ist, vielleicht ist es beim Umzug verschwunden.

Der 17. Juni war ein Mittwoch. Ich hatte eine Übung abzuhalten und ging zum Germanistischen Institut. Auffällig wenig Leute waren im Haus. Man hatte den Eindruck, die sind alle auf der Straße. In der Ritterstraße traf ich einige verwirrte Assistenten von Hans Mayer. Mir fiel auf, dass sie kein Parteiabzeichen mehr trugen. Und Hans Mayer war auch nicht im Institut. Später teilte er mit, er hätte den ganzen Vormittag verschlafen, da er erst nachts von einem Vortrag aus Karl-Marx-Stadt, dem umbenannten Chemnitz, zurückgekommen sei. Am Nachmittag hätte er die »Flitzer« gesehen. »Flitzer« war ein Ausdruck, der für die jungen, mit Fahrrädern herumfahrenden Gegner der DDR gebraucht wurde. Die habe er gesehen, sei dann ins Institut gegangen und habe mit Genugtuung festgestellt, dass eigentlich alle da waren, bis auf zwei. Die waren zum Bahnhof gegangen, dessen Vorplatz voller Menschen war. Dort hatte die Polizei sie festgenommen und in die Wächterstraße verschleppt. Darunter der gefürchtetste und schärfste Assistent und Genosse unserer Fakultät. Er ist heute in Frankfurt am Main Oberstudienrat im Ruhestand.

Die Unruhe auf den Straßen blieb konstant. Immer wieder zogen Demonstranten durch die Innenstadt. In der Ritterstraße war kein Durchkommen mehr. Direkt gegenüber vom Rektorat der Universität, in der Ritterstraße 26, befand sich die Bezirksleitung der FDJ. Dort eskalierte der Tumult. Ich habe meine spätere Frau in ihre Redaktion geschickt, weil es drohte gefährlich zu werden, und bin selbst auch von der Straße weg ins Musikwissenschaftliche Institut direkt über dem Rektorat der Universität. Dort habe ich zusammen mit Dr. Eller, einem Assistenten, Folgendes beobachtet: Eine Menge Leute hatte sich vor dem FDJ-Gebäude versammelt. Wir sahen, dass aus den Fenstern Einrichtungsgegenstände herausgeworfen wurden, insbesondere auch kleinkalibrige Gewehre, die die Gesellschaft für Sport und Technik dort aufbewahrte. Dann fuhr ein Feuerwehrauto vor. Die Feuerwehrleute stürmten in das Gebäude. Inzwischen wurde das Feuerwehrauto von der Menge umgekippt und auf den Kopf gestellt. Die Feuerwehrleute, aus dem FDJ-Haus vertrieben, stürzten zu ihren Wagen und traten unter großem Beifall der Menge, die nun freundlich und friedlich behilflich geworden war, hastig den Rückzug an.

Sowjetische Panzer auf dem Leipziger Markt

Ein Polizeikommando folgte, das in das Gebäude eindrang, um es nur wenige Minuten später, teilweise ohne Koppelzeug, fluchtartig zu verlassen. Offensichtlich war es zu schweren Schlägereien gekommen.

Am Nachmittag bin ich dann weiter zum Markt gegangen. Ein Informationsbüdchen der Nationalen Front, dass seitlich des Marktes stand, brannte. Es war für Vorträge und politische Agitationsveranstaltungen mit Stühlen ausgestattet. Eine Frau, die neben mir stand, jammerte: »Die scheenen Stiehle!« Dann lief sie los, und versuchte die Stühle aus dem brennenden Pavillon rauszuholen.

Inzwischen kamen aus der Katharinenstraße die ersten Panzer in Richtung Marktplatz gerollt. Ein Soldat saß oben auf dem Turm, ein oder zwei waren abgestiegen und fuchtelten mit drohender Gebärde, aber in beschwichtigender Absicht mit russischem Akzent: »Zehn Meter bitte! Zehn Meter!« Das also war die Bannmeile, die sie zu ziehen versuchten. Merkwürdigerweise waren die Leute zutraulich zu den Russen, die

Ein Demonstrationszug erreicht den Leipziger Augustusplatz/Karl-Marx-Platz.

sie wohl nicht für die eigentlichen Feinde hielten, und stiegen auf die Panzer. Die russischen Soldaten ließen es halb und halb geschehen. Die schwerwiegenderen Vorgänge mit Schießereien schienen sich am Fleischerplatz abgespielt zu haben, wo die Stasizentrale war, diese so genannte »Runde Ecke«. Es wurde erzählt, die Menge hätte versucht, das Stasigebäude zu stürmen. Und es seien Warnschüsse abgegeben worden, die unbeachtet geblieben waren. Daraufhin hätte die Volkspolizei in die Menge geschossen. Und einen dieser Schwerverletzten und offenbar Toten trugen sechs Leute in einem Zug, der von dort kam, auf den Schultern. Vor dem Blumenhaus Hanisch stoppte der Zug, und die Verkäuferinnen dieses großen Blumengeschäftes holten aus dem Laden Blumen über Blumen und bedeckten damit den Leichnam. Das war ein erschütterndes und ergreifendes Bild.

Später wurde mit Lautsprecherwagen der Ausnahmezustand verkündet. Für wenige Stunden hatten wir die Hoffnung, dass dieser, die ganze Republik erfassende, plötzliche, mobile Zustand der Unzufriedenheit mit dem Regime zu einem Nach-

Demonstrationszug am Peterssteinweg/Ecke Beethovenstraße

denken führen würde. Partiell ist das später geschehen. Erst einmal war für Stunden eine große öffentliche Sympathie mit der von den Bauarbeitern gezündeten Opposition erlebbar. Dann kam eine Art neuer Kurs und mit ihm die Hoffnung auf eine Veränderung, jetzt, nach Stalins Tod. Reden und Artikel über die Irrtümer und einige der Fehler des »großen Stalin« hatten Hoffnungen genährt. Sie waren eine der Voraussetzungen, dass Leute, die sich sonst ängstlich mit ihrer Meinung zurückhielten, an diesem Tag plötzlich wie befreit und fröhlich durch die Straßen liefen, bis dann eben die Schießerei von der Volkspolizei und den Stasileuten den Ernst der Lage deutlich machte. Vor den Russen hatte man weniger Angst als vor diesen fanatischen Polizisten.

Am anderen Tag waren die Parteiabzeichen wieder an den Revers der SED-Genossen zu sehen. Hans Mayer hatte seine zwei in der Wächterstraße einsitzenden Assistenten rausgeholt. Die hatten ausgesagt, sie wären zufällig gegriffen worden, hätten nicht demonstrieren wollen, sondern seien da nur vorbeigekommen.

Es wurde nachträglich eine große Gegendemonstration auf dem Augustusplatz veranstaltet, und zwar im Ton der notwendigen Verschärfung des Klassenkampfes, und dass Derartiges nie mehr passieren dürfte. Die alleinige Schuld wurde dem Sender RIAS und den »westlichen Machenschaften« gegeben.

1953, nach dem 17. Juni, hatten wir einen Studentenaustausch mit Göttinger Studenten initiiert. Es waren die Germanisten, die im Aufwind des Neuen Kurses fahren durften. So auch ich. Auf diese Weise lernte ich die Göttinger Verhältnisse kennen und hatte die Möglichkeit, die Situation, in der wir drüben lebten, zu schildern.

Bereits vor dem 17. Juni sah ich mich einer ziemlich üblen Bespitzelung ausgesetzt. Am 24. September 1951 hatte ich Besuch von drei Polizisten, es war nachts halb zwei, die übliche Zeit für Verschleppungen. Die fragten aber nicht nach Scheithauer, sondern nach Meinhofer. Ich konnte allerdings so viel Russisch, dass ich sah, es handelte sich um meinen Namen, der von einem Russen kyrillisch geschrieben worden war, das dann die deutschen Volkspolizisten nicht lesen konnten. Deshalb hatten sie das russische Scheithauer als Meinhofer gedeutet. So habe ich meinen Personalausweis gezückt und die drei weggeschickt. Hastig packte ich meine Tasche und verstaute meine fertige Dissertation. Die Hausbeauftragte wusste, dass meine Eltern verreist waren und hatte mich, wie ich später in meiner Stasi-Akte las, denunziert. Einen Tag später, am 25. September, bin ich früh zum Bahnhof gegangen in der Absicht, nach Westberlin zu fahren. Plötzlich kamen mir aber Bedenken: Es konnte sich ja schließlich um eine Verhaftungswelle handeln, dann würden die Züge besonders scharf kontrolliert. So entschloss ich mich, die nächsten Nächte in der Gartenlaube meiner Eltern zu verbringen. Aber erst einmal bin ich umgekehrt und früh halb sechs ins Institut gegangen. Zu meiner Überraschung standen da zwei Leute mit Regenmänteln, einer links und rechts an der Anschlagtafel, die sie interessiert beguckten. Da war mir klar, dass sie mich suchten. Ich bin schnell hoch ins Institut und habe hinter mir abgeschlossen. Früh meinte Professor Korff: »Herr Scheithauer, Sie sehen aber blass aus. Was ist los?« Bedrückt berichtete ich von den Vorfällen und verschwieg ihm nicht, dass ich die DDR verlassen wollte, allerdings nicht ohne mich von meinem Doktorvater, Professor Ludwig Erich Schmitt, der dann in Marburg das große Spracharchiv geleitet hat, verabschiedet zu haben. »Na wenn Sie weg müssen, dann gehen Sie nach Göttingen und schreiben Sie Wolfgang Kayser, der hat bestimmt was für Sie«. Diese Brücke baute mir Korff. Tatsächlich weggegangen bin ich nach langen Überlegungen dann aber erst fünf Jahre später. Einer der wichtigsten Gründe war der völlige Abschluss meiner Promotion. Außerdem hatte ich die Chance zu zwei großen Buchveröffentlichungen. Auch hatte ich das Gefühl, eine Taktik gefunden zu haben, um für die Russen nicht so leicht erreichbar zu sein.

Die Hausbeauftragte, die mich wohl verpfiffen hatte, lauerte mir, als meine Eltern von ihrer Reise zurück waren, im Treppenhaus auf. Frontal ging ich sie an: »Na, Frau Becker, wie oft mussten Sie denn wegen mir zum Russen?« Sie bekam einen Nervenzusammenbruch, sackte zusammen und gestand hilflos weinend mit ihrem gelben Staubtuch in der Hand: »Zuerst jeden Tag und immer woanders hin, meistens wurde ich am Bahnsteig von der Transportpolizei abgeholt und die fragten mich aus.« »Ja, was wollten sie denn wissen?« »Wer Ihre Freunde waren und wer als Besuch bei Ihnen aus und ein geht. Dann wollten sie wissen, ob etwas daraufhin deutet, dass sie abhauen. Ich musste in die Wächterstraße. Dort befragte mich ein russischer Hauptmann. Es war furchtbar für mich«, sagte sie. Die Frau hatte dreizehn Jahre mit mir im Hause gewohnt und war unter fürchterlichen Androhungen gezwungen worden, täglich über mich und meine Familie zu berichten.

Ende 1957 schied Korff aus, er wurde emeritiert. Hans Mayer hatte mich »geerbt«. Er war ebenso leutselig wie freundlich.

Auf Wunsch des Chefredakteurs des »Sächsischen Tageblattes« Dresden, des Organs der LDP, sollte ich 1956, anlässlich des 125. Todestages von Georg Wilhelm Friedrich Hegel, einen Leitartikel für Seite eins verfassen. Als der Tag dann Mitte November kam, standen auf Seite eins nebeneinander: »Amerikanische Truppen besetzen den Suezkanal und zwingen die französischen und britischen imperialistischen Truppen zum Rückzug und zur Aufgabe« und »Die Konterrevolution in Budapest niedergeschlagen«. Als Leitartikel stand daneben mein Aufsatz mit der Überschrift »Dialektischer Materialismus und liberale Willensbildung. Zu Hegels 125. Todestag«. Der war ein Votum für die Freiheit und für eine Dialektik, die aber nicht, wie die Genossen meinten, zum Endziel und zur Vollendung der Geschichte führte. Der Text war eine Auseinandersetzung mit Ernst Bloch und der Feststellung, dass bei Bloch eine liberale Willensbildung festzustellen war, aber keine marxistische. Ich bewunderte den Mut des Chefredakteurs Greuner, der diesen Artikel veröffentlichte. Unter vier Augen gestand er mir: »Das ist das Gescheiteste, was in meinem Blättchen jemals als Leitartikel gestanden hat.«

Kurz darauf begann die Kampagne gegen Bloch. Ich erfuhr zwar keine Kritik von der SED, wohl aber eine Woche später vom Leiter der Dresdner Parteischule der LDP in Radebeul, Hans Marschall. Er verfasste einen Gegenartikel mit der Überschrift »Konterrevolution bringt niemals Freiheit.«

Trotzdem oder vielleicht auch deshalb bin ich gekündigt worden. Gleich im Frühjahr 1958, Korff war weg, teilte mir Hans Mayer mit: »Ihr Anstellungsvertrag läuft mit Ende des kommenden Semesters aus.« Und das, obwohl die Fakultät mir die Abnahme von Staatsexamensprüfungen für das höhere Lehramt bis 1958 bewilligt hatte. In dieser Zeit sind die meisten meiner Lehrer nach dem Westen gegangen, so Theodor Litt, der Philosoph, und Hans Freyer, ein großer Soziologe.

Als ich nach meiner Republikflucht nach Göttingen eine Planstelle bei Wolfgang Kayser angetreten hatte, fand ich unter der

Gratulationspost zu meiner Hochzeit Briefe ehemaliger Leipziger Germanisten: Martin Greiner, unser Trauzeuge, war jetzt Ordinarius in Gießen, Ludwig Erich Schmitt war in Marburg, Hermann August Korff emeritiert in Leipzig, Theodor Frings als Präsident der Sächsischen Akademie der Wissenschaften noch aktiv, Hans Mayer auf dem Sprung in den Westen. Er lud mich zu einem Kolloquium über »Dia mat« bei dem Göttinger Soziologen Helmut Plessner ein. Wir verabredeten nach dem interessanten Disput für den anderen Morgen einen Spaziergang zum Theaterkeller am Wall. Dort bestellte er uns einen französischen Cognac. Resignierend gab er mir gegenüber zu: »Auch ich weiß nicht, wie lange ich noch bleiben kann. Ich muss bloß noch im Westen für meine Bücher einen Verlag finden.«

Doch Mayer ist noch eine Zeit geblieben, bis ein Plakat mit der Aufschrift: »Eine Lehrmeinung zu viel« erschien. Damit war er gemeint. Die Lehrmeinung war bürgerlich, womöglich jüdisch. Und da ist er, wie 1956 auch Georg Lukacs und Ernst Bloch, trotz seiner »großen Verdienste«, in Ungnade gefallen.

Demonstranten versuchen politische Häftlinge aus der
Untersuchungshaftanstalt in der Beethovenstraße zu befreien.

Werner Panzer, Ingenieur-Ökonom, Jahrgang 1935,
hatte 1953 ausgelernt und war als Schlosser tätig.

Volkspolizei in einem Trojanischen Pferd
Werner Panzer

Als ich am 17. Juni morgens in den Betrieb kam, wurde nicht gearbeitet. Ich hatte keine Ahnung, warum. Gelegentlich war in den letzten Wochen Unruhe um die Erhöhung der Arbeitsnormen entstanden, mit denen alle nicht zufrieden waren. Immer höher wurden sie geschraubt. Den Funktionären war egal, wie es uns Arbeitern ging. Viele verließen die DDR. Hinter vorgehaltener Hand wurden Namen von Freunden und Bekannten genannt, die wieder weggegangen waren. Am Vorabend, am 16. Juni, brachte der RIAS bereits sensationelle Meldungen aus Berlin. Die Bauarbeiter auf den Großbaustellen der Stalinallee waren zum »Haus der Ministerien« demonstriert, um dort offen ihren Protest zu äußern. So richtig konnte ich mir das nicht vorstellen. Auch in meinem Betrieb war die Stimmung gereizt. Ich arbeitete im damaligen IFA-Getriebewerk Liebertwolkwitz. Der Betriebsleiter sprach. Vergeblich versuchte er die Massen zu beruhigen. Sie waren aufgebracht und hatten wohl begriffen, dass sie eine politische Kraft sein könnten. Die Ereignisse vom Vortag in Berlin waren zentraler Punkt aller Diskussionen, als wir uns im Speisesaal versammelten. Die Gewerkschaft stand auf unserer Seite, der Betriebsleiter redete dagegen. Es wurde immer lauter, immer unbeherrschter.

Immer mehr meldeten sich zu Wort. Unzufriedene, die teilweise auch in der SED organisiert waren, redeten jetzt. Mein Großvater, der Mitglied der KPD war, hatte sich auch zu Wort gemeldet, allerdings nur ganz kurz. Er war Meister und wollte nicht, dass die Arbeiter ausgebeutet werden. Gewerkschaftsfunktionäre redeten und vor allem Belegschaftsmitglieder, die nicht organisiert waren.

Mit einem Mal waren die Arbeiter nicht mehr zu halten und gingen hinaus auf die Straße. Aus der Versammlung heraus formierte sich spontan ein Aufmarsch. Nur wenige, vielleicht 20 oder 30 Kollegen, blieben im Betrieb. Wir waren etwa 400

Arbeiter und zogen von Liebertwolkwitz über Probstheida nach Holzhausen in das Spriowerk. Unterwegs schlossen sich Angehörige der MTS-Spezialwerkstatt (Maschinen-Traktorenstation) und der Klinkerwerke an. Immer wieder versuchten wir, noch andere Betriebe zum Streik zu bewegen. Es wurden Forderungen gerufen, wie:»Nieder mit der Regierung« oder »Weg mit der HO«. Auf dem weiteren Weg wurde unser Demonstrationszug immer länger. Zwischen den einzelnen Rufen ging der Zug still und trotzig vorwärts. Das war außergewöhnlich.

Vom Spriowerk ging es zum Mitteldeutschen Feuerungsbau. Auch dort empörte Reden. Es wurde gefordert, die Normerhöhung zurückzunehmen, die HO-Preise zu senken und alle politischen Gefangenen freizulassen. Eine selbst ernannte Streikleitung teilte die Kollegen ein. So gegen 14 Uhr löste sich der Demonstrationszug auf und wir sind nach Hause gegangen. Noch blieb die Polizei im Hintergrund. Von Holzhausen zurück nach Liebertwolkwitz marschierten wir wieder als Demonstrationszug. Polizeifahrzeuge kamen jetzt regelmäßig an uns vorbei, hielten gelegentlich oder stellten sich so auf die Straßen, dass wir nicht weiterkonnten und Umwege nehmen mussten. Aber eingegriffen haben sie nicht. Aus der Innenstadt hörten wir von Zusammenstößen. Dort hätten sich die Demonstranten mit der Volkspolizei angelegt.

Ich war von der Streikleitung aufgefordert worden, 17 Uhr als Streikposten in den Betrieb zu kommen. Um diese Zeit war bereits der Ausnahmezustand mit Ausgangssperre ab 20 Uhr verhängt worden. Gegen 21 Uhr kam ein Fahrzeug von RFT und hielt vor dem geschlossenen Werkstor. Aus der etwas geöffneten Autotür hörten wir eine Männerstimme. Sie bat uns, wegen des Ausnahmezustandes das Auto reinzulassen. Wir öffneten das große Werkstor. Das Fahrzeug war ein trojanisches Pferd, heraus kamen Volkspolizisten. Im Nu wurden wir, eine Frau und sieben Männer, niedergeschlagen. Wir fühlten uns betrogen und hintergangen. Die Polizei ging mit Schlagknüppeln ruckzuck zur Sache. Dann lagen wir da, Handschellen angelegt, und

Demonstrationszug am Bahnhofsvorplatz vor dem Astoria-Hotel.

wurden aufs Auto verfrachtet. Durch die nächtlichen Straßen brachten sie uns nach Stötteritz aufs Rathaus. Von dort holten uns Russen ab. Wir waren bestimmt dreißig bis vierzig Leute. Auf der russischen Kommandantur nahmen sie uns die Papiere und alles, was wir bei uns hatten, ab. Mit dem Gesicht zur Wand, Hände im Genick stand ich mit den anderen bis ungefähr 3 Uhr früh. Die Russen haben uns nicht schlecht behandelt. Es waren ausschließlich Offiziere, die uns verhörten. Dann kam der damalige Stadtkommandant und fragte mich nach meinem Alter. »Siebzehn«, antwortete ich. Zwei Russen holten mich, mit MPi ausgerüstet, im Anschluss daran raus. Wir liefen ins Rosental. Würde ich diese Nacht überleben? Ich wagte nicht, mir eine Antwort zu geben. Immer wieder fiel mein Blick auf ihre Waffe. Jetzt wirst du erschossen, hämmerte es in meinem Kopf, oder erhängt. Der Stadtkommandant hatte ja angedeutet, dass ich aufgehangen werden würde.

Während sie mich durch den nächtlichen Park führten, kam die alte Angst wieder hoch. Die von 1945. Woher kam diese Erinnerung? Und warum war sie so plötzlich wieder da? Genau wusste ich nicht mehr, was erzählt und was selbst erlebt war. Der Krieg hatte erst die Amerikaner in unsere Stadt gebracht, dann die Russen. Von ihnen hatten wir eigentlich kein gutes Bild. Die einen erzählten von Vergewaltigungen, die anderen von ihren Fahrrädern, die ihnen die neuen Herren auf offener Straße abgenommen hatten. Was daran wahr gewesen ist – keine Ahnung. Schmuddlig sahen sie aus auf ihren Panjewagen und dreckigen Autos. Wir, als Kinder, schnappten etwas auf und phantasierten uns eine Geschichte dazu. Wenn man wie ich am Ende des Krieges 10 Jahre alt war, hat man ganz andere Eindrücke als die Erwachsenen. In einer Mischung aus Angst und Schwäche konnte ich mich kaum noch auf den Beinen halten. Man brachte mich in eine Villa zum Verhör und wollte wissen, wer der Streikführer war. Einen wirklichen Anführer hat es nicht gegeben, doch mehr oder weniger war das der damalige FDJ-Sekretär Manfred Tietze, er war nur vier Jahre älter als ich. Ich weiß nicht, wo der Mann hingekommen ist. Auf jeden Fall wurde er nach dem 17. Juni gesucht.

Am anderen Morgen, so gegen 8 Uhr, wurden ein junger Arbeiter und ich in einen Panzer gebracht. Wir fuhren nach Connewitz in die Arthur-Hoffmann-Straße in einen Zweigbetrieb des IFA-Getriebewerks. Dort sollten uns Leute gegenübergestellt werden. Ich kannte keinen, wusste also auch nicht, ob sie am Streik teilgenommen hatten. Die Prozedur wiederholte sich dann später in meinem Lehrbetrieb. Dann ging es zurück zur Kommandantur. Frauen und Männer waren in einem Raum zusammengepfercht. Sitzgelegenheiten gab es nicht. In den Gesichtern stand Furcht. Der Hunger wurde quälend, ich hatte mehr als einen Tag lang nichts gegessen und getrunken. So warteten wir Stunden. Abends, auf dem Gang, fragte mich ein Offizier, ob ich Hunger hätte. Heftig bejahte ich. »Nu tak, nach Hause.«, war die Antwort. Ich rannte von der Kommandantur bis zum Johannisplatz. Da kam eine Straßenbahn. Geld hatte ich nicht, habe einfach den Straßenbahnfahrer gefragt, ob ich mit nach Liebertwolkwitz fahren kann.

Dann hörte ich nichts wieder. Aber sechs Wochen später, am 1. August, war Schluss. Ich wurde entlassen. In vielen Betrieben versuchte ich, wieder Arbeit zu bekommen, man hat mich auch eingestellt. Aber schon nach kurzer Zeit gab es keine Verwendung mehr für mich. Erst ein Dreivierteljahr später gelang es mir, eine längere Arbeit zu bekommen. Ich habe dann bei einer Firma Teilig gearbeitet. Dort traf ich jemanden, der auch am 17. Juni beteiligt war, und bin mit ihm im Mai 1954 nach Westdeutschland geflüchtet.

Aber mich zog es wieder nach Hause. Meine Mutter war allein mit meiner kleinen Schwester. Ich hatte wohl Sehnsucht bekommen und kaufte mir eine Fahrkarte nach Leipzig. Im Interzonenzug keine Zwischenfälle. Meine Mutter zu Hause hatte Angst und drängelte: »Du musst dich melden, du musst auf die Polizei gehen.« Ich dachte, wenn bis jetzt nichts passiert ist, kannst du auch zu dieser Polizei gehen und dich melden. Den einen oder anderen Polizisten von damals kennst du ja sowieso. Am nächsten Tag meldete ich mich. Da haben sie mir meinen Personalausweis abgenommen und haben mir eine Aufenthaltsgenehmigung bis zum 4. Januar gegeben. Und als ich meinen Personalausweis wieder holen wollte, kam die lakonische Auskunft: »Haben wir nicht.« Dafür drückten sie mir einen P 6 in die Hand. Das war ein vorübergehender Personalausweis, der nur in Leipzig galt. Eine geringfügige Korrektur, könnte man denken. Ein Irrtum, vielleicht eine Vorsichtsmaßnahme. Selbstverständlich unbegründet.

Doch dann bekam ich mit einem Mal eine Anklage wegen Körperverletzung. Am 17. Juni sollte ich die begangen haben. Ich wusste genau, da war nichts gewesen. Drei Monate musste ich absitzen, dann haben sie mich rausgelassen, und ich bekam wieder Arbeit. Meine Mutter war froh, dass ich nicht nochmals versuchte, nach dem Westen abzuhauen. Inzwischen hatte ich ja eine Freundin. Es war wohl die Liebe, die mich gehalten hat. Beruflich lief es gut. In der Wollkämmerei bekam ich eine Arbeit als Schlosser, habe dann meine Meisterprüfung gemacht und sogar noch Ökonomie studiert.

Vom 17. Juni war nicht mehr die Rede. Vielleicht wäre er anders verlaufen, wenn die Russen nicht sofort parat gestanden hätten. Aber das ist Spekulation. Über die in den Zuchthäusern Einsitzenden wurde nicht geredet. Aber es fragte mich auch keiner, ob ich in die SED eintreten wolle oder Ähnliches. Günstige Umstände haben mich davor bewahrt, politische Positionen einnehmen zu müssen. Aber auch zu einer erneuten Revolte hätte mir der Mut gefehlt.

Zögernd und vorsichtig habe ich mich sechsunddreißig Jahre später, im Herbst 1989, den Demonstrationen angeschlossen. Die Niederschlagung des Streiks am 17. Juni 1953 war plötzlich wieder merkwürdig gegenwärtig. Besonders an den ersten Montagen, als die Polizei mit Hundertschaften in den Nebenstraßen der Innenstadt lauerte. Doch so viel Anfang, wie in jenem Oktober, war 1953 nicht. Achtundzwanzig Jahre Mauer hatten dem Wunsch nach einer generellen Veränderung festen Unterboden gegeben. Und es gab keine sowjetische Besatzungsmacht, die ihre Panzer schickte. Gorbatschow hatte der DDR die Luft zum Atmen wiedergegeben. Sein Einfluss war groß, wenn auch eher indirekt. Deshalb gab es auch 1989 keine Chance, dass die erstarrte DDR noch einmal ihre Macht ausspielte.

Dietrich Mendt, Pfarrer, Oberlandeskirchenrat, Jahrgang 1926,
stand 1953 im theologischen Examen.

Leben in Gemeinde

Dietrich Mendt

Mein Vater war Akademie-Professor gewesen, wurde jedoch nach dem Krieg entlassen. In seiner Haltung verstand er sich als Kantianer, und das Leben im elterlichen Haus war zu allen Zeiten von Toleranz geprägt. Dies erlaubte mir, mich selbst in unterschiedlichen Bereichen zu engagieren. Ich war HJ-Führer, habe mich kriegsfreiwillig gemeldet, bin mit siebzehneinviertel Jahren eingezogen worden – eigentlich viel zu zeitig – und habe dann nicht mehr lange, aber mit allen Tiefen, den Krieg noch mitgemacht. Mit zwei Verwundungen bin ich in sowjetische Gefangenschaft gekommen und im November 1945 als unheilbar nach Hause geschickt worden. Das war meine Rettung, aber innerlich war ich völlig zerstört. Auch im Hinblick darauf, dass ich mich von den Nazis hatte verführen lassen. Erst einmal arbeitete ich als Neulehrer, das ging damals ohne Ausbildung. Das Abitur musste ich nochmals ablegen. Im Dritten Reich hatten wir es als Kriegsfreiwillige geschenkt bekommen, aber das zählte dann nicht mehr.

Später habe ich in Leipzig zwei Jahre Deutsch und Englisch studiert, das war 1947, und zwar delegiert von meinem Schulrat, einem SPD-Mitglied und konsequentem Gegner der Vereinigung der Arbeiterparteien. Meine eigene Mitgliedschaft in der CDU sah ich als bürgerlichen Ausweg. Schon bald bekam ich in Leipzig Kontakt zur Evangelischen Studentengemeinde. Die Begegnung mit Christen löste eine völlig neue Auseinandersetzung in mir aus. Die Kampagnen gegen die Kirche, durch Partei und Staat fortwährend inszeniert, festigten zusätzlich den Zusammenhalt in der Studentengemeinde. Durch das Leben in ihr, das christliche Miteinander, bin ich selbst zum bewussten Christen geworden. Konfirmiert war ich, hatte aber seit der Konfirmation mit Kirche nichts mehr am Hut.

Dann habe ich nochmals meinen Berufswunsch überprüft, bin aus der CDU ausgetreten und habe mich entschlossen, Pfarrer zu werden. Ich habe in Leipzig ein Jahr schwarz studiert, sogar mit illegaler schriftlicher Anerkennung der Theologischen Fakultät, da ich offiziell die Fakultät nicht wechseln durfte. Und als ich nach einem Jahr wieder abgelehnt wurde, bin ich nach Westberlin, habe mich dort für Theologie eingeschrieben und bin von da aus mit einem Stipendium des Weltkirchenrates nach Basel.

Im Sommer 1952, als in der DDR die zweiten Wohnsitze aufgehoben wurden, kam ich gerade so wieder rein in den Ulbrichtstaat. Da ich illegal weg war, konnte ich kein staatliches Examen mehr machen, sondern nur das landeskirchliche, das es in dieser Form in Sachsen gab. Während ich mich 1953 in Chemnitz auf das Examen vorbereitete, wurde ich von dem dort nebenamtlich arbeitenden Studentenpfarrer, der plötzlich eine Stimmbandlähmung bekommen hatte, gefragt, ob ich ihn vertreten könnte.

Dieser Wechsel zwischen Prüfungsvorbereitungen und der gemeindlichen Arbeit brachte interessante Begegnungen. Ich nahm an Studentenpfarrerkonferenzen in Berlin teil. Wir trafen uns aufgrund der angespannten Lage öfter, weil der Staat immer wieder behauptete, die Studentengemeinden sind illegal und gehören aufgelöst. Von konspirativen Methoden und reaktionärer Ideologie war staatlicherseits die Rede, die die Studentengemeinden in die Universitäten hineintragen würden. Und einer meiner Kollegen, der Studentenpfarrer Wiesner in Jena, hatte seine Studentengemeinde aufgelöst. Zur Belohnung ist er dann Professor in Leipzig geworden, obwohl er völlig unfähig war. Ich erinnere mich noch, wir saßen in unserer Geschäftsstelle in Berlin im Haus der Kirche, dem Heinrich-Grüber-Haus. Da trafen wir uns immer. Die Bischöfe tagten im Stephanusstift in Weißensee. Wir hatten einen Kurierdienst – da gab es ja noch keine Mauer –, um uns ständig unterrichten zu lassen und erfuhren zunächst mal zu unserer Erleichterung, dass entgegen den offiziellen staatlichen Auskünften der Bischof Mitzenheim in Thüringen die Auflösung der Jenaer

Studentengemeinde verurteilte. Sofort setzte er Wiesner ab und betraute den damaligen Superintendenten von Weimar, den späteren Bischof Bräcklein mit der kommissarischen Leitung der Jenaer Studentengemeinde. Mitzenheim ist persönlich in Thüringen von Ort zu Ort gefahren, um mit den Gemeinden zu reden. Er kam auch nach Sachsen, da beispielsweise in Freiberg ganz besondere Schwierigkeiten bestanden. Bewusst wurden dort von der FDJ Falschmeldungen gestreut, in denen sie behauptete, der Bischof Mitzenheim selbst stehe hinter der Auflösung dieser Studentengemeinde und man solle dem Beispiel folgen. Der aber klärte auf seiner Rundreise diese Form von Staatshetze auf.

Viele hielten die Reglementierungen des Staates und die bedrohliche Wachsamkeit nicht mehr aus und verließen die DDR. Das betraf in besonderer Weise die Ärzteschaft: Sehr viele waren mit Familien weggegangen, in erster Linie nicht, weil sie selber Schwierigkeiten hatten, sondern weil sie für ihre Kinder keine Chancen sahen. Noch besuchte ein nicht geringer Teil der Schulkinder den Christenlehre-Unterricht. Allmählich gab es allerdings durch den Druck von Partei und Staat immer mehr Kirchenaustritte. Meiner Ansicht nach hat es sich schon damals gezeigt: Wer eine ganz klare Position hatte und auch sagte, dass er Christ ist, der kam oft durch.

Meine Frau hatte Pädagogik studiert und wurde 1951 in Thüringen in einem kleinen Dorf als Lehrerin eingestellt. In Sachsen war das ausgeschlossen. In Weimar, im Kultusministerium, hatte sie sofort gesagt: »Ich bin Christin, ich bin nicht in der SED.« Die Antwort war: »Na ja, also Oberschule in der Großstadt, das können wir nicht machen. Aber aufs Dorf würden wir sie schicken.« Und als sie in ihr Kollegium kam und sich vorgestellt hat, fügte sie hinzu: »Mein Mann wird Pfarrer, ich bin Christin, ich bin keine Genossin.« Da hat der Direktor, ein Genosse, spontan in Gegenwart des Kollegiums gemeint: »Na, da haben sie uns die Richtige geschickt.« Und das ist, glaube ich, ganz bezeichnend gewesen für die Stimmung. Die Leitung einer Gruppe der Jungen Gemeinde war für sie mit wachsenden Schwierigkeiten und Auseinandersetzungen verbunden. Schließlich wurde sie genötigt, zu kündigen. »Du darfst nicht kündigen.«, schrieb ich ihr. »Wenn nichts mehr geht, dann lass dich rausschmeißen.« Und sie hat das mit Unterstützung ihres Kollegiums durchgehalten. Ein Teil ihrer Schüler in der Jungen Gemeinde war schon von der Schule geflogen. Auch für die wollte sie durchhalten. Am 17. Juni saß sie mit ihrem Direktor, der ihr ganz wohl wollte, im Lehrerzimmer und hörte im Radio, wie in Gera die Stasizentrale gestürmt wurde, Akten verbrannt und aus dem Fenster geworfen wurden. Und dann brach das Aufbegehren mit dem Auftreten der Russen ab. Doch in dem Kollegium, in dem meine Frau während des 17. Juni 1953 war, herrschte auch im Nachgang des Aufstandes ein ziemlich offener Gesprächston.

Der Direktor der Schule hat uns vor drei Jahren überraschend hier besucht, um sich von meiner Frau bescheinigen zu lassen, dass er sie immer gut behandelt hat. Dieser Mann ist merkwürdigerweise, obwohl er Genosse war und Direktor, nach seiner Flucht aus der DDR in der Bundesrepublik sofort wieder in den Schuldienst gekommen, hat noch ein paar Prüfungen nachgeholt und bis zum Ruhestand da gut gelebt.

Ich selbst war während dieser Zeit in Chemnitz. Durch die Vorgebirgslage war »Rußkams«, so wurde die Industriestadt im Erzgebirgsdialekt genannt, etwas vom großstädtischen Informationsfluss abgeschnitten. Westsender konnten wir nur schwer hören, weil sie gestört wurden, und Fernsehen gab es noch nicht. Es hat also ein paar Stunden gedauert, bis wir mitgekriegt haben, was am 17. Juni in der Stadt los war und dass die Chemnitzer Großbetriebe geschlossen waren und die Arbeiter in die Innenstadt marschierten.

Für mich war Folgendes besonders bemerkenswert: Wir wohnten in der dritten Etage eines Gründerzeithauses mit vier Stockwerken. Die erste, zweite und vierte Etage war zum Teil von Genossen bewohnt – ich kann nicht mehr sagen, was sie für Funktionen hatten – jedenfalls zum Teil auch von höherkarätigen Funktionären. Und die habe ich dann alle besucht, um ihnen zu sagen, sie sollten keine Angst haben. Über die Frauen im Haus hatte sich herumgesprochen, dass es ihnen mulmig zumute war. Sollte es so weit kommen, dass man in ihre Wohnungen eindringt, würde ich mich zur Verfügung stellen, was bedeutete, ich würde mich vor sie stellen und bezeugen, dass sie keine Verbrecher wären. Das hat in dem Haus zur Beruhigung beigetragen. Ich nehme an, so etwas wird öfter passiert sein. Die Leute im Haus waren eigentlich solidarisch mit uns. Nach dem 17. Juni fanden die anderen Mieter uns gegenüber, im Hinblick auf mein außergewöhnliches Schutzangebot, einen wesentlich offeneren Ton als vorher. Denn mit ihrer Angst hatten sie sich natürlich auch eine Blöße gegeben und in gewisser Weise zugestanden, dass sie sich nicht sicher fühlten. Und das war natürlich auch später, als die Stimmung sich wieder änderte, ein gutes Fundament.

Ich habe mir nichts vom 17. Juni versprochen. Es war klar, dass die Russen diesen Aufstand nicht hinnehmen würden. Ich weiß noch, dass ich im Rundfunk mitgekriegt habe, was in Berlin alles los war. Irgendwie sollte Nuschke, der CDU-Chef, nach Westberlin abgedrängt worden sein. Von dort aus wurde er interviewt, stellte sich aber auf die Seite der DDR, beschwerte sich und ist dann wieder zurückgegangen, als die Wogen geglättet waren.

Für Christen und Kirchenleute hatte der 10. Juni eine wesentlich stärkere Bedeutung als der 17. Juni. Der 10. Juni war möglicherweise das auslösende Moment für den Volksaufstand eine Woche später. In der Zeit davor hatte sich die Lage enorm zugespitzt. Die Jungen Gemeinden und Studentengemeinden waren zu Verbrecherorganisationen erklärt worden, Christen reihenweise von Schulen und vom Studium verwiesen worden.

Am 10. Juni fand ein Gespräch zwischen Vertretern der evangelischen Kirchenleitungen und dem Ministerpräsidenten

Otto Grotewohl statt. Es ging um das Verhältnis zwischen Staat und Kirche in der DDR. In der amtlichen Mitteilung über diese Besprechung war noch von der »Herbeiführung der Einheit unseres Vaterlandes« die Rede. Entscheidend aber war für uns, dass künftig keinerlei Maßnahmen gegen die Junge Gemeinde eingeleitet werden durften. In Folge dieser Verordnung wurden die Oberschüler alle wieder aufgenommen, die exmatrikulierten Studenten konnten weiterstudieren. Es wurde versprochen, Kinder von Ärzten in Zukunft wieder zum Studium zuzulassen. Und die verschiedenen Prozesse, die gegen kirchliche Leute, auch gegen Pfarrer, liefen, wurden eingestellt. Soweit Leute verhaftet waren, wurden sie wieder entlassen. Wir sahen es als ein positives Signal an, dass am 10. Juni Grotewohl sprechen musste und nicht Ulbricht selbst, der der meistgehasste Mann war. Grotewohl hatte immer noch ein besseres Image, da er aus der SPD kam. Und tatsächlich ist auch in der Öffentlichkeit das Unrecht deutlich benannt worden, was Studenten und Schüler, die Christen waren, erlitten hatten.

Auch zwei Studentenpfarrer hatte man verhaftet: Hamel aus Halle und Althausen, unseren Reisesekretär aus Berlin. Das waren Entscheidungen, die auch nach dem 17. Juni nicht zurückgenommen worden sind.

1953, im Anschluss an mein Examen, kam ich erst nach Grüna bei Chemnitz und dann ins Predigerseminar nach Lückendorf. In so einem Dorf, und das war sicher exemplarisch für Dörfer in der DDR, war eigentlich eine ganz offene Stimmung. Wir hatten einen LDP-Bürgermeister, hatten aber auch eine SED-Parteigruppe. Und es gab ein Erholungsheim für Opfer des Faschismus, da kamen aber nur Funktionäre hin. Wir haben zum Beispiel vor Wahlen mit dem Bürgermeister abgesprochen, was wir machen können, damit unsere Wahlverweigerung nicht auf ihn fällt. Denn wenn in so einem kleinen Dorf ein ganzes Seminar, also zwanzig Leute, nicht zur Wahl ging, hatte der Ort automatisch den mit Abstand schlechtesten Durchschnitt im ganzen Kreis. Darüber konnten wir unter der Überschrift: »Sie haben ja Recht, aber wir können nichts machen.« offen reden.

Schon bald wurde ich von der Landeskirche gebeten, als Studentenpfarrer nach Leipzig zu gehen. Das fiel in die Zeit der Inhaftierung des Leipziger Studentenpfarrers Dr. Schmutzler, der 1958 in einem politischen Schauprozess zu fünf Jahren Zuchthaus verurteilt worden war. Nun sollte ich in Leipzig seine Nachfolge antreten, galt aber für den Staat als illegaler Studentenpfarrer und bekam keine Zuzugsgenehmigung nach Leipzig. So steckte mich die Landeskirche in das erste frei werdende Pfarrhaus auf einem kleinen Dorf. Ich habe in Dewitz hinter Taucha in einem alten, ziemlich verfallenen Pfarrhaus gewohnt. Von dort hatte ich anderthalb Stunden Weg bis zur Studentengemeinde und musste die dritte Pfarrstelle in Taucha mitversorgen, weil ich das dazugehörige Pfarrhaus blockierte. Bald aber bekam ich einen alten DKW und dann einen Trabant und konnte so wenigstens die Strecke mit dem Auto bewältigen. Die fünfeinhalb Jahre als Studentenpfarrer waren eine wichtige Zeit für mich, wegen des Doppelamtes hatte ich der Landeskirche gegenüber den Dienst auf diesen Zeitraum begrenzt.

Er war eine Zeit der massiven Auseinandersetzungen. Immer wieder hatte der Staat behauptet, er sei an einer Entspannung des Verhältnisses mit der Kirche interessiert. Man wolle miteinander reden, allerdings nicht als zwei gleichberechtigte Verhandlungspartner. Das wurde zwar so nicht in der Öffentlichkeit verkündet, war aber überall zu spüren. Entgegen den Beteuerungen, dass der Staat nicht an einer Zuspitzung des Verhältnisses zur Kirche interessiert sei, lief die Entwicklung im Jahre 1957 und im ersten Halbjahr 1958 auf eine massive Konfrontation hinaus. Es hieß, die Studentengemeinden seien im Grunde genommen Agenten des westlichen Imperialismus. Das lag wohl daran, dass wir, was in der Kirche damals noch nicht üblich war, als Studentengemeinden alle Partnergemeinden im Westen hatten. Leipzig, die seinerzeit größte Studentengemeinde in Deutschland überhaupt, hatte vier westliche

Partnerschaften mit regelmäßigen gegenseitigen Besuchen, da es noch keine Mauer gab. Wir schickten auch Leute auf Tagungen der Evangelischen Akademien Westdeutschlands. Das war der DDR-Führung ein besonderer Dorn im Auge. Der Kirche wurde vorgeworfen, dass sie ihre Leute gezielt dahin schickte, um NATO-Gedankengut in die DDR zu bringen. Ich selber habe dann nach 1990 in einem Bündel zugeschickter Stasiakten gelesen, ich wäre nur dageblieben, um die Kirche auf die Illegalität vorzubereiten, weil ich mich besonders für Hauskreise engagiert habe.

Nach einer zehnjährigen Amtszeit als Gemeindepfarrer in Chemnitz war ich zehn Jahre im Landeskirchenamt als Oberlandeskirchenrat und später nochmals neun Jahre Superintendent in Zittau. Seit dem Ruhestand bin ich nun in Dresden. Zu meiner Biographie gehört auch, dass ich ein bisschen geschrieben habe und dreißig Jahre lang die Dresdner »Herkuleskeule« mit Kabarett-Texten versorgte. Als ich anfing für dieses Kabarett zu schreiben, war ich nicht in erster Linie Pfarrer. Und meine Kollegen, die Dramaturgen und Kabarettisten, waren für mich auch nicht in erster Linie Genossen.

Werner Herbig, Pflanzenschutztechniker,
Jahrgang 1919, war 1953 Hilfsarbeiter.

»Die Kette der Erpressungsmöglichkeiten erschien uns endlos.«

Werner Herbig

Nach dem Arbeitsdienst hatte ich mich für zwölf Jahre bei der Wehrmacht verpflichtet. Sehr schnell erlebte ich den Ernstfall und spürte die Tragweite einer solchen Entscheidung. 1942 kam ich an die Ostfront. Das war die so genannte Frontbewährung. Mit der 67. Infanteriedivision lag ich in Charkow im Osten. Achthundert Kilometer vor Stalingrad, am 1. September 1942, erwischte es mich: Schulterdurchschuss. Mit dieser Verwundung habe ich dann den Weg über die Lazarette nach Hause ins Heimatlazarett gefunden. Dort, in Görlitz, blieb ich bis zur Kapitulation 1945.

Nach schwieriger Arbeitssuche fand ich endlich eine Anstellung in der Stadtverwaltung. Es war ja nicht viel, was damals verdient wurde. Aber es war ein Anfang.

1950 wurde in Gatersleben ein neuer Berufszweig geschaffen: Pflanzenschutztechniker. Das heißt, wir mussten Forst- und Kulturpflanzen schützen. Dazu war es nötig, sich in Gatersleben auf der landwirtschaftlichen Hochschule als Gasthörer einzutragen. Nachdem ich diese Ausbildung abgeschlossen hatte, wurde ich beim Landwirtschaftsministerium in Dresden, Abteilung Pflanzenschutz angestellt.

Im so genannten Nordkreis um Görlitz herum musste ich dafür sorgen, dass Kartoffelkäfer und Schädlinge beseitigt wurden. Bald schon merkte ich, dass der Posten wie ein zweischneidiges Schwert war. Eines Tages kam die SED-Kreisleitung mit folgenden Worten auf mich zu: »Herbig, Sie sind der kompetenteste Mann: Sie müssen uns hier helfen, einen Artikel in der Sächsischen Zeitung zu formulieren und in ihm bestätigen, dass der Kartoffelkäferbefall in unserem Gebiet eine kapitalistische Provokation sei. Und zwar müssen sie behaupten, es handelt sich um Kartoffelkäfer-Abwürfe aus amerikanischen Flugzeugen. Wir haben viele Zigarrenkisten von westlichen Firmen gefunden und auch Schuhkartons von Tack.« Tatsache aber war, dass die einzelnen Familien, die die Kartoffelkäfer auf den Feldern sammelten, nicht genügend Gefäße hatten, um die Schädlinge aufzubewahren. Deshalb wurden alle Winkel durchgestöbert, der Dachboden und der Keller. Dort fand man vom Uropa Zigarrenkisten mit irgendwelchen Materialien, die ausgeleert dann Verwendung fanden bei der Kartoffelkäfersuchaktion.

Der Artikel war eine heiße Geschichte, und ich bat um Bedenkzeit. Als ich ablehnte, diese Lügengeschichte zu formulieren, wurde mir fristlos gekündigt. So schnell ging das in unserem sozialistischen Staat: Entweder Flagge zeigen oder rausfliegen. Danach blieben mir nur Gelegenheitsarbeiten, was meine Familie in eine ziemliche Notlage brachte. Zumal die Versorgungssituation in Görlitz und dem östlichen Umland extrem schlecht war.

Nach dem Parteikongress 1952 begann die absolute Sowjetisierung der DDR. Die anderen Ostblockländer waren größtenteils schon vereinnahmt. Das Verhängnisvolle war, dass die DDR durch die Reparationslieferungen gezwungen war, mehr zu leisten als die anderen sozialistischen Staaten.

Für mich war der 17. Juni 1953 der erste Aufschrei in einem von den Sowjets besetzten Gebiet. Später folgten dann Ungarn, Polen, die Tschechoslowakei. Doch Ungarn war nach unseren Vorstellungen kein Aufstand, sondern eine Revolution, weil die Demonstranten damals in Ungarn vom Militär mit Waffen bestückt wurden. Das war bei uns nicht der Fall. Wir hatten keine Waffen, sondern wir standen mit Wort und Faust den Panzern gegenüber. Das war der Unterschied.

Es begann mit einem immer stärker werdenden Unbehagen in der Bevölkerung. Freunde und Arbeiter, die man kannte, sprachen miteinander und sagten: »Mensch, es ist einfach nicht mehr zu schaffen.« Denn es galt eine neue Norm: in drei Minuten musste eine Schraube gestanzt und auch gedreht worden sein. Frauen schafften das mitunter, weil sie geschicktere Finger hatten als Männer. Die Arbeiter wurden von Tag zu Tag unzufriedener. Ein Aufstand lag förmlich in der Luft.

Am 17. Juni früh musste ich ins Polizeipräsidium, um meinen Schwerbeschädigtenausweis verlängern zu lassen. Mein Schulterdurchschuss hatte mir siebzig Prozent Schwerbeschädigung gebracht, die alle zwei Jahre neu bestätigt werden mussten. So weit kam es allerdings nicht. Ich wurde, wie auch andere Frauen und Männer, so wie ich reinkam, postwendend wieder hinausgeworfen. Da liefen Polizisten mit Stahlhelm, Gummiknüppel und Koppel herum und riefen nur immer: »Alles raus hier! Raus, raus, raus! Alles raus!« Das Polizeipräsidium wurde total geräumt.

Im Radio hatte ich früh von den Streiks in Berlin erfahren. Gegen die Normerhöhung sollte es gehen. Der RIAS war am 16. Juni sehr zurückhaltend gewesen, denn die Amerikaner wussten zu diesem Zeitpunkt noch nicht, wie sich der Berliner Streik entwickeln würde.

Als ich auf dem Heimweg vom Polizeipräsidium um eine Straßenecke bog, hörte ich plötzlich das Stampfen vieler marschierender Füße. Dann sah ich einen Marschblock die Berliner Straße raufkommen, der dort demonstrierend in Sechserreihen von Bürgersteig zu Bürgersteig die ganze Straße einnahm. Es waren bestimmt tausend Leute, vielleicht aber auch mehr. Die Arbeiter von der Lowa (Lokomotiv- und Waggonbau) kamen untergehakt in ihrer Arbeitskleidung und demonstrierten gegen die neue Norm. Ich hörte sie rufen: »Wir verlangen die Zurücknahme der Normerhöhung! Wir wollen unsere alte Arbeitszeit wiederhaben!« Da plötzlich tönt's aus der ersten Reihe: »Herbig, Mensch, du gehörst doch zu uns! Los, hier rein!« Und so bin ich in die erste Reihe von diesem Marschblock gekommen. Wir sind bis zum Bahnhof marschiert mit den Rufen: »Abschaffung der Norm und Freilassung der politischen Gefangenen!« Manche forderten die Auflösung der Regierung.

Zu unserer völligen Verblüffung war das Frauengefängnis, als wir dort anlangten, bereits geöffnet. Ein Rechtsanwalt, der die Örtlichkeiten des Gefängnisses kannte, hatte sich, angefeuert von einer Truppe tatkräftiger Männer, die Schlüssel besorgt

Von Demonstranten gestürmte Büroräume in Görlitz

und aufgeschlossen. Aber die Gefangenen blieben in ihren Zellen sitzen. Die wollten nicht raus, weil sie dachten, das wäre eine Finte. Nur zögernd kamen die Frauen in ihrer Häftlingskleidung hervor. Dann aber waren sie sehr schnell in alle Winde verstreut, so dass das Gefängnis nur von Demonstranten und dem Rechtsanwalt besetzt blieb.

Unser Marschblock von der Lowa marschierte weiter zum Rathaus mit dem anschließenden Kommando: »So, die erste Reihe geht mal rauf, um zu gucken, was da oben los ist.« Und als wir raufkamen, hieß es: »Ja, ihr kommt gerade richtig, ihr werdet hier gebraucht. Betrachtet euch zusammen mit uns als Streikleitung. Wir werden die Bevölkerung nach Hause schicken, um Blutvergießen und Schlägereien zu verhindern.« Die Streikleitung war bunt zusammengewürfelt. Ein Architekt war dabei, eine Schauspielerin vom Theater, ein Autoschlosser, ein Malermeister, ein Bauarbeiter. Den Bürgermeister und die Stadträte hatten sie schon gefesselt und im Sitzungssaal eingesperrt. Die anderen Angestellten waren nach Hause geschickt

Viele Akten fliegen auf die Straße – aber 40 Karteikästen aus der Stasi-Kreisdienst-stelle werden unter der Peterskirche versteckt.

worden. Wir sind daraufhin ins Mittelgebäude des Rathauses gegangen, dort waren die Zentrale der Polizei und der Staats-sicherheit. Als wir reinkamen, saßen dort sechs Offiziere und ein Mann in Zivil. Ich habe ein ziemlich lautstarkes Organ und sie angeschrien: »So, Männer, jetzt ist Feierabend. Röcke aus! Pistolen abgeben! Ihr geht nach Hause und werdet Weiteres abwarten.« Bei näherem Hinsehen entdeckte ich, dass der Zivi-list der Ehemann meiner Schwägerin war. Ich sagte: »Du gehst sofort.« Die anderen fingen an, ihre Dienströcke auszuziehen, haben die Pistolen und die Koppel abgegeben. Die haben wir weggeschlossen und die Stasi-Leute auf die Straße geschickt. Dann begannen wir zu suchen und fanden 40 Kästen voller Karteikarten, auf denen die Adressen von Bürgern festgehalten waren, die wohl auf der so genannten schwarzen Liste standen, also Bürger, die nach Meinung der Staatssicherheit beschattet werden sollten. Diese Karteikästen haben wir alle in einen unterirdischen Gang der Peterskirche geschafft. Was aus ihnen geworden ist, weiß ich bis heute nicht.

Eberhard Kurz

Kundgebung am 17. Juni 1953 auf dem Görlitzer Obermarkt/Leninplatz

Gegen 13 Uhr hatten wir die Stadt fest in unseren Händen. Über den Stadtfunk riefen wir zur Ruhe und Besonnenheit auf. Das Finanzamt war besetzt, die Post war besetzt, der Bahnhof sowie die SED-Kreisleitung auch. Keiner allerdings traute sich in die sowjetische Kommandantur, keiner ging näher an den Zaun ran. Die hatten sich vermutlich auch eingeschlossen. Nur die Militärposten waren hinter dem Zaun zu sehen.

Für 15.00 Uhr hatten wir auf dem Obermarkt eine Großkundgebung vorgesehen. Böcke von einer Baustelle wurden hingeschafft und ein paar Bohlen darauf gelegt. Dann versuchten wir den Bürgermeister dorthin zu bringen. Das war unmöglich. Auf dem viertelstündigen Fußweg bis zum Obermarkt wurde der Bürgermeister ununterbrochen beschimpft, bespuckt und geschlagen. Also mussten wir ihn wieder ins Rathaus zurückbringen und diese Versammlung selbst abhalten.

Auch ich sprach. Die am Morgen im Demonstrationszug gerufenen Forderungen wurden wiederholt. Wir versprachen, weiterhin für Ordnung in der Stadt zu sorgen. Damit war die

Bevölkerung eigentlich fürs Erste zufrieden. Also zurück ins Rathaus. Doch dann traf die Nachricht ein, wir müssten das Rathaus so schnell wie möglich verlassen. Panzerspähwagen vom Übungsplatz Weißwasser, der war vierzig Kilometer entfernt, seien auf dem Weg in die Stadt. Schnell verließen wir das Gebäude durch den Hinterausgang, denn wir kannten die Geschwindigkeit, mit der sich solche Panzerspähwagen vorwärts bewegen konnten. In einem Hotel am Bahnhof trafen wir uns noch einmal. Das war die letzte Möglichkeit, die wir sechzehn Leute der Streikleitung noch hatten. Wir sahen den Ernst der Lage, so dass wir beschlossen, dass, wer die Möglichkeit hat, heute Nacht nach Westberlin zu gelangen, versuchen sollte durchzukommen, um dort über die Situation in Görlitz zu berichten. Wer von uns in der Stadt blieb, sollte sich am nächsten Morgen im Park an einer verabredeten Stelle treffen, um zu sondieren, ob noch etwas unternommen werden kann.

Ich selbst bin abends von diesem Hotel aus nach Hause gegangen. Auf der Jakobstraße kam mir ein Panzerspähwagen entgegen, in dem stand der Oberbürgermeister. Der zeigte mit ausgestreckter Hand nach rechts und links und befahl, wer festgenommen werden sollte. Neben den Panzerspähwagen liefen fünf oder sechs Mann des NKWD (Volkskommissariat für Innere Angelegenheiten), den so genannten Greiftrupps der Sowjets in Zivil. Die verhafteten die Leute, auf die der Bürgermeister zeigte. Es galt, möglichst schnell viele zu inhaftieren, um der Öffentlichkeit zu zeigen, wer die Verbrecher sind, die hier den Staat kaputtmachen wollten.

Wir wurden von den Sowjets auf einen LKW geladen und kamen in ihre Kommandantur. Dort habe ich dann am nächsten Tag mehrere aus unserer Streikleitung wiedergetroffen. Zuerst wurden wir von den Sowjets verhört. Dolmetscher übersetzten Fragen und Antworten. Die Russen wollten wissen: »Was hast du gemacht, warum hast du dich beteiligt, wie ist es überhaupt zu dieser Arbeitsniederlegung in den Betrieben gekommen?« Eigentlich ging es hauptsächlich um die Frage, ob man ein westlicher Agent war, ob man von Gehlen oder von der Gehlentruppe, den so genannten freiheitlichen Juristen, ausgebildet worden war. Wenn nicht, dann haben sie akzeptiert, was man zugegeben hat und nicht weiter verhört. So sind wir nach zwei Tagen Vernehmung bei den Russen in Transportwagen eingeladen worden und kamen zur Staatssicherheit nach Dresden. Die war an ganz anderen Dingen interessiert. Sie wollte ja der Öffentlichkeit kundtun: Das sind die heulenden Wölfe im Schafpelz, das sind diejenigen, die den Staat kaputtmachen, die euch die gesellschaftliche Ordnung nehmen wollten.

Die Vernehmungsmethoden in Dresden sind ein Kapitel für sich. Sie liefen unerbittlich und hart auf Erpressung von Geständnissen hinaus und müssen als Verbrechen an der Menschlichkeit bezeichnet werden. Vielleicht, weil die Staatssicherheitsoffiziere teilweise Leute gewesen sind, die bei Hitler einmal im KZ gesessen hatten. Und manche dieser Leute, die wir dann in Waldheim wieder getroffen haben, gaben uns zu verstehen: »In deiner Zelle habe ich auch mal gesessen. Jetzt können wir es euch zeigen, die ihr die größten Verbrecher des Staates seid.« Wenn ich das heute schildere, dann muss ich wiederholen, dass alles nachzulesen ist und tatsächlich so stattgefunden hat.

Vernehmungen wurden grundsätzlich nur nachts durchgeführt, weil in der Zeit von abends um elf bis früh um vier Uhr der Mensch eine Phase hat, in der das Gedächtnis etwas schwächer ist. Die verschiedensten Untersuchungshäftlinge habe ich dort erlebt. Manche waren stabiler, andere schwächer veranlagt. Zum Beispiel hat ein Zeuge Jehovas, mit dem ich dann in Waldheim zusammengesessen habe, in Verhören mehr zugegeben, als er überhaupt gemacht hat. Denn gab man nichts zu, wurden die Erpressungsformen gesteigert.

Man saß auf einem Sessel, ich vergleiche ihn immer mit einem alten Herrschaftsstuhl aus gutem Hause, mit großer Rückenlehne und Löwenköpfen an den Enden der Armlehnen. Da wurden einem die Hände und Füße an den Gelenken angeschnallt. Hinten, über dem Kopf stellte der Vernehmer eine Quarzlampe von mehreren tausend Watt an, die dann höher oder tiefer gestellt wurde. Vom Schreibtisch aus regulierte er stärkere und schwächere Stromstöße, die völlig unvermutet kamen. Schmerzhaft zuckte der Körper bei jedem auf. Rechts stand ein Mann mit Gummiknüppel, und links stand einer mit Pistole. Wenn man nicht gleich antwortete, schlug der mit dem Knüppel in den Rücken. Und der andere stieß die Pistole entweder an den Hals, in die Rippen oder in das Schulterprofil, so dass man furchtbaren Qualen ausgesetzt war. In mir war nur noch Angst. Versprachen sich die Folterknechte noch irgendeine Aussage, wurde man in einen so genannten Dunkelbottich geworfen. Der war 1,50 Meter tief, ohne Fenster und mit einer Stahltür. Dieser Bottich war mit Wasser gefüllt. Das Wasser konnte beliebig hoch getrieben werden, so dass sich eine Wahnsinnsangst vorm Ertrinken einstellte. Nachdem ich 48 Stunden da drin war, wieder Vernehmung. Wenn man dann nichts mehr zugab, nichts mehr sagte und nichts mehr wusste, ließen sie ab und man wurde in die Zelle geworfen. Als müsse man nun einfach weggespült werden, gossen sie einem einen Eimer Wasser über den Körper, und die Sache war erst mal erledigt. Zur Besinnung gekommen, musste ich das Wasser um mich herum unter Aufbietung meiner letzten Kräfte wieder aufwischen.

Daran ist zu messen, mit welcher Brutalität und Menschenverachtung diese Diener einer Willkürherrschaft vorgingen. Viele Festgenommene, die man wahrscheinlich noch stärkeren Repressalien aussetzen wollte, sind von Dresden weiter verlegt worden. Ich wusste von diesen Tropfsteinhöhlen. Da wird ein Mann in eine Dunkelzelle gebracht. Er wird reingesetzt, gefesselt und festgebunden. Um den Kopf nicht bewegen zu können, ist er zusätzlich am Hals festgebunden. Oben, über dem Kopf hängt ein Eimer Wasser. 48 Stunden lang tropft immer nur ein Tropfen Wasser auf die Stirn – immer nur auf die Stirn. Die Kette der Erpressungsmöglichkeiten erschien uns endlos.

Vier Wochen später bekamen wir – eine Gruppe von acht Personen – unsere Urteile. Eine Anklageschrift hatten wir nie gesehen, auch keinen Verteidiger. Wir wurden in einen Saal geführt: Vorn der Staatsanwalt und zwei Richter in Drillichanzügen, das heißt in blauer Arbeitskleidung. Der Staatsanwalt kam auf uns zu, riss das Hemd auf, zeigte seine behaarte Brust und sagte: »So ihr Schweine, ihr werdet jetzt von Arbeitern abgeurteilt, damit ihr es wisst.« Der Saal war gefüllt mit mindestens zweihundertfünfzig Studenten, die aus den Ausbildungsstätten der Staatssicherheit kamen. Die waren getrimmt und vorprogrammiert, immer wieder Zwischenrufe zu machen: »Hände abhacken! Rübe runter! Beine abhacken! Lebenslänglich alle verurteilen!« Ungefähr zwanzig Minuten dauerten diese Beschimpfungen, bis der Staatsanwalt aufstand und sagte: »Zur Urteilsverkündung erheben!« Dann hörten wir: Der lebenslänglich, der fünfzehn Jahre, der acht Jahre, der drei und der drei, Herbig fünf Jahre Zuchthaus mit Vermögenseinzug. Danach sind wir nicht wieder in die Zelle gekommen, sondern gleich mit dem Gefangenentransportwagen in die Haftanstalt Waldheim. Auf diesem Gefängnisgelände lagen vierundzwanzig Arbeitsbetriebe für Häftlinge, eine Psychiatrie, ein Haftkrankenhaus, ein Frauentrakt und dann der Männertrakt. Gleich nach der Ankunft bekamen wir die Haare geschoren. Das Drillichzeug, dass wir anziehen mussten, war extra für uns präpariert worden: Auf den Armen ein gelbes X, auf den Oberschenkeln ein gelbes X, auf dem Rücken, auf dem Bauch, überall ein gelbes X gemalt. Wir galten als die Xer in Waldheim. 1.400 Xer waren wir am Anfang. Auf zwei Etagen verteilt saßen wir alle in Einzelhaft. In den Zellen war kein Bett, kein Tisch, kein Stuhl, da war nur ein Marmeladeneimer drin für die Verrichtung der Notdurft. Die Fenster waren abgeschlossen. Wir konnten acht Schritte vor laufen und zwei quer, das war der Laufweg in der Zelle. Wenn man sich an die Wand lehnte oder versuchte sich hinzusetzen, donnerte der Knüppel an die Wand oder es wurde aufgeschlossen und man bekam eins mit dem

Knüppel übergezogen. Das war der Tagesablauf. Im ersten Jahr durfte ich nicht arbeiten.

1956 änderte sich vieles. Das Internationale Rote Kreuz nahm die Haftanstalten in der DDR ins Visier. Wir wurden dann zusammengelegt, vier Mann in eine Zelle, und bekamen besseres Essen. In den ersten anderthalb Jahren wogen wir alle unter einem Zentner, soweit hatten sie uns runtergehungert. Viele sind gestorben, viele bekamen Skorbut durch die einseitige Kost. Es gab ja nur Schlabbersuppen. Zum Beispiel im ersten Jahr zu Pfingsten drei schwarze Kartoffeln, gekochte Schweinekartoffeln und eine Handvoll rohes Sauerkraut. Das war das Mittagessen. So wollte man uns psychisch und physisch kaputtmachen. Diejenigen, die weniger als zehn Jahre hatten, wurden zum Arbeiten eingesetzt. Als wir dann nach 1956 Besuch erhalten durften und ein Halb-Pfund-Päckchen geschickt bekommen konnten, habe ich mir weiter nichts kommen lassen als Knoblauch. Ich habe die ganze restliche Zeit nur Knoblauch gekaut. Oft schrie der Wachmeister, wenn er in die Zelle kam: »Du verfluchtes Judenschwein! Hier stinkt es wieder nach Knoblauch!«

Meine Frau und meine Bekannten haben die Wiederaufnahme des Verfahrens beantragt und erwirkt, dass dem auch stattgegeben wurde. Dadurch kam ich frei, hatte aber trotzdem zwei Drittel der Strafe abgesessen.

Kaum war ich zu Hause, rieten mir Freunde in Görlitz: »Hau bloß schnell ab. Im Prozess ist nicht alles zur Sprache gekommen, und jetzt haben die was gefunden und wollen dich noch mal festsetzen.« Daraufhin habe ich mich sofort entschlossen, nachts meine Kinder zu schnappen, die Wohnung und alles andere stehen zu lassen und abzuhauen. Wir sind in Zehlendorf aus dem Zug gestiegen und waren in Westberlin. Und hier, in Berlin, habe ich in Erfahrung gebracht, dass die eigentlichen Freunde, die mir zur Flucht geraten hatten, Informanten der Staatssicherheit waren. Sie wollten während meiner Abwesenheit jemandem mein Grundstück verkaufen. 1976 ist das verkauft worden, ein Haus mit zwölf Zimmern und einem Grundstück, knapp so groß wie ein Fußballfeld. Das hat derjenige für nur 5.000 Ostmark gekauft, also für einen Apfel und ein Ei. Dagegen habe ich nach der Wende geklagt, es aber nicht zurückbekommen.

Im Zuge dieser Entwicklung habe ich 1962 einen Kreis gegründet, um für die Kameraden, die aktiven Teilnehmer des 17. Juni, einen Zusammenhalt zu schaffen. Immer mehr kamen in den letzten Jahren dazu. Inzwischen sind es etwa 2.400, die dem »Arbeitskreis 17. Juni `53« angehören. Wir sind dazu übergegangen, die Materialien zu diesem Tag zu sammeln, so dass wir siebzig volle Ordner mit Zeitungsartikeln aus dem Jahr 1953 haben. Und annähernd acht bis neun laufende Meter Bücher zu diesem Thema stehen bei mir zu Hause. Diese Materialien sind eine wichtige Grundlage, um anderen Opfern des 17. Juni helfen zu können.

Einer aus unserem Kreis, ein Autoschlosser, ist damals mit mir verurteilt worden und bekam fünfzehn Jahre Haft. Später nach Westdeutschland entlassen, sitzt er seit dieser Zeit gelähmt im Rollstuhl – ein lebenslanger Haftschaden. Viele sind gesundheitlich völlig ruiniert aus Gefängnissen oder Zuchthäusern entlassen worden und haben heute noch immer massiven Ärger mit den Versorgungs- und Sozialämtern. Dort hören die Geschädigten öfter, ihre Krankheiten wären altersbedingt.

An einem besonderen Fall arbeite ich schon lange. In Berlin, in Rostock und in Swinemünde sind fünfunddreißig Offiziere und sowjetische Soldaten erschossen worden, weil sie sich geweigert hatten, auf deutsche Demonstranten zu schießen. Wir bemühen uns, die Namen ausfindig zu machen und an die Akten heranzukommen. Denn die Angehörigen der Soldaten, das wissen wir, bekommen heute keinen Pfennig Rente. Und die Opfer sind weg, sind verschollen, sind tot.

In Berlin, im Mauermuseum, wird ein Archiv entstehen, das Studenten, Historikern und anderen Wissenschaftlern das gesammelte Material zur Verfügung stellen kann.

Demonstranten vor dem Görlitzer Rathaus.

Dozent Dr. habil Manfred Schmidt, Wirtschaftswissenschaftler, Jahrgang 1926, war 1953 Assistent am Institut für Technologie der Karl-Marx-Universität Leipzig.

»Ein schlechter Frieden ist besser als ein guter Krieg.«
Manfred Schmidt

Als Hitler an die Macht kam, war ich sieben. Das heißt, Kindheit und Jugend standen unter dem Einfluss Hitlerscher Propaganda. Nur empfanden wir es nicht als Propaganda. Dazu war sie einfach zu geschickt. Die Angebote für unsere Freizeit waren so vielfältig, dass wir uns nicht vereinnahmt fühlten. Während dieser Zeit glaubte ich also, dass es großartig sei, was für die Jugend getan wurde. Den Ideen gegenüber, mit denen man uns in der Schule großziehen wollte, war ich absolut aufnahmefähig. Bald lernte ich Geige spielen und war stolz, ins Schulorchester eintreten zu können. Mittwochs und sonnabends waren wir in der Hitlerjugend. Die dortige Spielschar war identisch mit dem Schulorchester. Dadurch gab es eine ständige, geschickte Infiltrierung unserer Freizeit mit den Idealen der Nationalsozialisten. Später im Krieg waren wir sogar stolz, vor verwundeten, deutschen Soldaten in den Lazaretten musizieren zu dürfen.

Durch die Auswahl des Schuldirektors wurde ich Reserveoffiziersbewerber (ROB) und in der Nähe von Vsetin in der Tschechischen Republik zum Arbeitsdienst verpflichtet. Das war im Frühjahr 1944. Und als ich von dort wieder nach Hause kam, lag schon die Einberufung zur Wehrmacht vor. Doch mein Heuschnupfen kam mir zu Hilfe, denn ich konnte wegen dieser allergischen Beschwerden nicht einrücken und ging wieder auf meine Wirtschaftsoberschule. Kurze Zeit später kam die zweite Einberufung, und keiner fragte mehr nach möglichen Gesundheitsschäden. Da wurde gesagt: »Tauglich!«, und ab ging's. So erhielt ich eine militärische Ausbildung und so wurden wir im Januar 1945, als die Sowjets schon an der Oder standen, als letzter Rest sozusagen erfasst und mussten das Vaterland an der Oder noch im Frühjahr verteidigen. Acht Tage bin ich an der so genannten Ostfront gewesen und bekam einen Schuss durchs Kniegelenk. Damit war für mich der Krieg zu Ende. Eine glückliche Fügung, denn ich war in dem Truppenteil, der dann vor Berlin aufgerieben und vernichtet wurde.

Nach meiner Entlassung in die amerikanische Besatzungszone schlug ich mich mit allen möglichen Arbeiten durch. 1946 erfuhr ich, dass meine Mutter, die noch in Freital lebte, an Typhus erkrankt war. Freunde sagten mir:»Wenn du sie noch einmal sehen willst, musst du kommen.« Und ich kam. Meine Mutter hat die Krankheit überstanden, und ich lernte nun die andere Seite des geteilten Deutschlands kennen: Drüben, im Westen, Trockenmilch und hier das Stoppeln von Kartoffeln. Nachdem das Feld schon dreimal abgelesen worden war, konnte die Bevölkerung die Furchen durchwühlen.

Das alles erzähle ich nicht ohne Grund so ausführlich. Vielleicht kann man so verstehen, warum ich diese ersten Nachkriegsjahre für mich als eine Wende empfunden habe, auch in politischer Hinsicht. Vorher war ich Hitlerjunge und bin keineswegs mit Begeisterung in den Krieg gezogen. Aber was sollte ich anderes machen? Und als ich wieder nach Dresden zurückkam, fand ich eine ausgebombte Stadt vor, eine Zerstörung unvorstellbaren Ausmaßes. Zu diesem Zeitpunkt erfuhr ich, dass mein Großvater und ein Onkel im antifaschistischen Widerstandskampf aktiv gewesen waren. Während der gesamten Nazi-Zeit konnten sie mit uns darüber nicht sprechen, da sie Angst um ihr Leben haben mussten. Der Großvater starb an den erlittenen Repressalien.

Ich fühlte mich schuldig: Hitlerjunge, Arbeitsdienst, Wehrmacht. Ein langer und mühsamer Prozess des Nachdenkens begann. Dazu kam, dass wir im Abitur durch einen aus der Pension zurückgeholten Professor erstmalig mit dem »Kommunistischen Manifest« bekannt gemacht wurden. Vieles eröffnete sich für mich aus einer anderen Sicht. Zugleich wurde durch die Nürnberger Kriegsverbrecher-Prozesse erstmalig allgemein bekannt, was der Faschismus Zerstörerisches und Schreckliches angerichtet hatte. Da wollte ich etwas wieder gutmachen und mich selbst aktiv am Wiederaufbau beteiligen und trat in die SPD ein, die später mit der KPD zur SED vereinigt wurde. Das Studium konnte ich nicht sofort beginnen, ich absolvierte zuvor ein Praktikum in der Konsumgenossenschaft in Klotzsche und begann im Herbst 1948 in Leipzig mein Studium.

Die Nachkriegsjahre waren eine Zeit der Entbehrungen. Die Beseitigung der Kriegsschäden war eine vorrangige Aufgabe, in die auch wir Studenten einbezogen waren. Die meisten Menschen waren jedoch froh, den Krieg lebend überstanden zu haben und dankbar für jeden kleinen Fortschritt.

Noch fehlte vieles. Wenn ich trotzdem ein Studium durchführen konnte, so verdanke ich dieses der damaligen gesellschaftlichen Entwicklung. Bereits 1937 war mein Vater verstorben und meine Mutter konnte nur den unmittelbaren Lebensunterhalt sichern. Deshalb ging ich täglich neben der Schule nachmittags in verschiedene Betriebe arbeiten.

Die eigenen Erlebnisse und das Bekanntwerden der Unmenschlichkeit des Faschismus waren für mich deutliche Vorgaben für einen anderen Weg. Mir wurde immer stärker bewusst, dass diejenigen, welche in den Konzentrationslagern verfolgt worden waren, unabhängig, ob sie der SPD angehörten oder ob sie Kommunisten waren, den richtigen Weg gewählt hatten.

Mit der Beendigung meines Studiums erhielt ich einen besonderen Auftrag. Immer stärker setzte sich die Auffassung durch, dass jeder, der Ökonomie studiert, auch Kenntnisse auf technischem Gebiet besitzen sollte. So wurde ich einem Professor der Technologie mit dem Ziel zur Seite gestellt, ökonomische Belange einzubringen.

Das Jahr 1953 war für mich ein besonderes: Meine Frau war schwanger. An der Universität war die Abteilung Technologie zum damaligen Zeitpunkt im Franz-Mehring-Haus am Karl-Marx-Platz untergebracht. Mein Arbeitszimmer war in Richtung des Innenhofes, das Sekretariat jedoch mit Blick auf die Goethestraße. Am 17. Juni kam die Sekretärin aufgeregt zu den Mitarbeitern und berichtete, dass Leute mit Transparenten vom Bahnhof aus die Goethestraße hochgezogen kamen, vorbei an der damals noch zerstörten Oper. Es fällt mir heute schwer einzuschätzen, wie viele Demonstranten es damals waren. Es waren aber keine Massen. Alles war für uns sehr überraschend, und ich habe damals damit nichts anzufangen gewusst.

Ich ging täglich meiner Arbeit nach und war in ein Kollektiv Gleichgesinnter eingebunden. Von uns hat keiner vermutet, dass es zu Protesten kommen könnte. Die Aufregung hielt sich deshalb in Grenzen, allerdings wurde uns untersagt, das Haus zu verlassen. Wir hatten, wie viele damals, kein Telefon, und ich machte mir Gedanken um meine hochschwangere Frau. So gelang es mir spätnachmittags, zu unserer Wohnung zu gehen. Auf dem Weg kam ich bei TAKRAF, ehemals Bleichert, vorbei und sah dort eine Ansammlung von Arbeitern. Ich habe mich allerdings nicht aufhalten lassen. Abends ging ich zur Universität zurück. Wir hatten den Auftrag, unsere Arbeitsstelle zu bewachen. Für mich war die Demonstration damals die Reaktion einer Gruppe von Werktätigen, welche mit ihrem Lohn und ihrer Arbeit unzufrieden waren. Und es ging vorwiegend um die Stalinallee in Berlin.

Sicher gab es auch Bevölkerungsteile, denen die Überwindung der Kriegsfolgen unter den Bedingungen der sowjetischen Besatzung zu langsam vor sich ging. Wie konnte dieses aber unter den Bedingungen der Reparationsleistungen und dem Angewiesen sein auf die eigene Kraft auch anders sein?

Bereits damals hatte sich bei mir ein Lebensprinzip herausgebildet, welches lautet: Ein schlechter Frieden ist um ein Vielfaches besser als ein guter Krieg. So wurde von mir alles positiv beschieden, was dazu beitrug, einen Krieg zu vermeiden. Neben eigener Kriegserlebnisse und der sinnlosen Vernichtung Dresdens trug sicher auch das Studium ideologisch zu dieser Grundhaltung bei.

An eine Wiedervereinigung des geteilten Deutschlands war unter den Bedingungen einer sowjetischen Besatzung nicht zu denken. Von westdeutscher Seite wurden dazu sehr schnell historische Fakten wie die Währungsreform, die Einführung der Wehrpflicht und die Gründung der BRD geschaffen, die willkommener Anlass zum Nachziehen auf der östlichen Seite waren.

Dr. Heinz Klunker, Journalist, Publizist, Kritiker, Jahrgang 1933,
war 1953 Journalistik-Student der Karl-Marx-Universität Leipzig.

Stalinistische Gebärden

Heinz Klunker

Aus einem kleinen Dorf bei Riesa kommend, wollte ich zu Beginn des Studiums unbedingt ins Internat. Das so genannte »Rote Kloster«, die Journalistenfakultät, war im Süden Leipzigs. Ich bekam dort kein Zimmer und war todunglücklich, weil ich mir nicht vorstellen konnte, wo ich sonst im unwirtlichen Leipzig wohnen sollte.

Bei Kriegsende war ich gerade mal elf. Ich erinnere mich, dass mein Vater in der Nazizeit mit mir gemeinsam Radio Beromünster gehört hat. Jeden Freitag kam ein außenpolitischer Kommentar aus der Schweiz vom Historiker Rudolf von Salis, in dem man erfuhr, wie es um Hitlerdeutschland wirklich stand. Wir haben zu Hause beim Essen viele politische Diskussionen geführt. Eine der großen Nachkriegs-Diskussionen war damals: Die Gleichberechtigung der Frau bei der Entlohnung, und zwar Ende der 40-er Jahre, also sehr früh. Da sind dann die Fetzen geflogen, weil man der Meinung war, dass das eine ideologische Forderung sei. Ich war fünfzehn, sechzehn Jahre alt. Meine Mutter fuhr dann immer energisch dazwischen: »Jetzt hört endlich auf!«, weil mir manchmal die Tränen kamen. Gegen meinen Vater konnte ich mich nur schwer durchsetzen.

Nach einer Zwischenstation in einem Privatzimmer in der Leipziger Fockestraße kam ich tatsächlich noch ins Internat, in ein Zimmer, in dem wir zu viert wohnten. Der eine war ein Klassenkamerad. Der Zweite war ein Kommilitone aus Grimma, der dann in der DDR Karriere gemacht hat, der Dritte war ein Kommunist aus Westdeutschland. Wir vier waren also in diesem Internatszimmer. Man stand unter Dauerbeobachtung und unter Dauerberieselung durch den Institutsfunk. Obwohl anfangs noch innerhalb der Philosophischen Fakultät, war das Institut für Journalistik im Grunde eine Kaderschmiede der Partei. Mit Universität hatte das wenig zu tun. Wir waren nicht nur lokal von der Uni abgetrennt, sondern vor allen Dingen eben inhaltlich und methodisch. Im Grunde war die Struktur dieses Institutes geistig vergleichbar mit einer Parteihochschule: durch und durch kompromisslos. Dieser ideologischen Unbedingtheit war nicht zu entweichen.

Walter Ulbricht hatte 1952 auf der Zweiten Parteikonferenz den Aufbau der Grundlagen des Sozialismus verkündet. Dann kamen bald die Einschränkungen, vor allen Dingen für vermeintlich bürgerliche Leute. Es war eine manipulierte Stimmung, die man sich wohl kaum vorstellen kann. Die Parteidogmatiker versuchten uns einzureden, die Imperialisten oder ihre Agenten wollten uns überfallen. Um Parteitreue zu bekunden, mussten wir Studenten regelmäßig Nachtwache schieben, wir spielten dabei Skat.

Ich hatte zufällig eine solche Nachtwache, als Stalin im März 1953 starb, und ich erinnere mich noch genau: Als ich morgens in unser Zimmer kam, zeigte ein Kollege auf den Lautsprecher unseres Zimmerfunks und machte eine unmissverständliche Handbewegung. Damit war gemeint: Stalin ist tot. Nach Stalins Tod versammelte sich das Institut morgens um acht Uhr. Die Parteigenossen haben geheult wie Schlosshunde. Es war für mich eine Wahnsinnsgroteske und abstoßend. Vor allen Dingen war es schwierig zu entscheiden: Sollte man jetzt simulieren? Im Grunde war ich erstaunt, was da möglich war. Stalin hatte vor seinem Tode noch zwei Schriften verfasst, das heißt, unter Stalins Namen waren zwei Schriften erschienen, die wir studieren mussten: »Probleme der Ökonomie« und »Fragen der Sprachwissenschaft«. Dieser Sprachwissenschaftsaufsatz von Stalin war im Sinne des Dogmas eigentlich revisionistisch. Wir waren so »gute Marxisten«, dass wir das merkten. Schließlich haben wir im ersten Studienjahr »Das Kapital« exzerpiert und viele Stunden Marxismus-Vorlesungen und -Seminare gehabt.

Schon bald versuchte man, mir die SED schmackhaft zu machen. Bereits an der Oberschule sollte ich für die Partei geworben werden. Der Direktor sagte, ich sei doch als Arbeiter- und Bauernkind prädestiniert, in die Partei zu gehen. Ich hatte einen antifaschistischen Hintergrund. Mein Vater war Sozialdemokrat seit 1922. Ich habe meinen Klassenlehrer, einen Genossen, um Rat gefragt. Der meinte: »Klunker, klarer Fall, du sagst, du kannst aus moralischen Gründen jetzt nicht in die Partei gehen, weil dann der Eindruck entstünde, wenn du das jetzt tust, so kurz vor dem Abitur, willst du gute Noten erhaschen. Diesen Eindruck aber möchtest du nicht erwecken.«

Ich erzähle das, weil ich in der DDR aufgewachsen bin, und zwar DDR-konform. Freiwillig bin ich 1948 in die FDJ eingetreten. Aber diese Leipziger Kaderschmiede der Partei war dann für mich doch so ein Schock, dass ich mir im Mai und Juni, nach Stalins Tod Gedanken machte, ob ich in ein anderes Fach wechseln sollte oder ob ich bei den Journalisten bleiben kann. Dann aber blieb ich, weil ich Hoffnungen auf den »Neuen Kurs« nach dem 17. Juni 1953 setzte.

Am Ende des ersten Studienjahres, also im Sommer 1953, hatten wir ein Praktikum in einer Druckerei und nach dem zweiten Studienjahr ein Praktikum in der Redaktion. Mein erstes war im Sachsen-Verlag in Dresden, wo die Sächsische Zeitung herauskam. Nach Abschluss des Semesters habe ich also in Dresden bei einem Menschen, der zum Betriebsschutz des Verlages gehörte, gewohnt. Da kam dann der 17. Juni. An diesem Tag war ich nicht in der Innenstadt. Am 21. Juni habe ich in mein Tagebuch geschrieben: »Eintönig klingen Schritte zu mir herauf. Ich bin in Dresden, wohne in N 23 in der Zeithainer Straße, dem Fenster gegenüber ist das Redaktionsgebäude der Sächsischen Zeitung. Die Schritte rühren von Soldaten her. Soldaten der so genannten Kasernierten Volkspolizei bewachen den Verlag und die Redaktion. Ja, entscheidende Ereignisse, die ihre Schatten kaum merklich voraus warfen, sind eingetreten. Das Volk hat den verschärften Kurs vollständig satt. Daran ändern auch die Maßnahmen zur Verbesserung der Lebenshaltung vom 9. Juni nichts. Am 17. Juni, einem Mittwoch, kam es zu Unruhen, Streiks und Demonstrationen unter Losungen wie ›Nieder mit der Regierung!‹ und ›Wir fordern freie Wahlen!‹

Demonstranten auf dem Dresdner Theaterplatz.

Die ›Arbeiterregierung‹ konnte ihre Macht nur durch Schüsse erhalten, meist aus den Waffen unserer sowjetischen Freunde. Die Grotewohl-Regierung ist mindestens moralisch unmöglich gemacht worden. Am Mittwoch wurde ab 14 Uhr auch über Dresden der Ausnahmezustand verhängt. Leider kam ich an diesem Tag nicht in die Stadt. Aber schon das, was ich am Donnerstag erlebte, also am nächsten Tag, erfüllte mich mit einer unbändigen Wut. Brutal wurde gegen unschuldige Menschen vorgegangen. Schon anständige Kleidung, die irgendwie an den Westen erinnerte, machte verdächtig. Wahllos wurden Verhaftungen vorgenommen. Und das optimistische, siegesbewusste Lächeln vom Mittwoch verwandelte sich in Groll, in hasserfüllte Blicke.« Dann ist weiter zu lesen: »Eine Regierung, die sich die demokratischste nennt, die jemals in Deutschland geherrscht habe, musste die Macht mit Bajonetten und Panzern sichern und teilweise sogar zurückerobern. Eine Schlacht für Freiheit und Menschenrecht ging verloren.« So habe ich damals als 19-jähriger geschrieben. Klingt etwas pathetisch, aber mir war so zumute.

Unsere Sprecherin im Druckereipraktikum, eine Mitstudentin, war eine ganz scharfe Parteigenossin. Wir wurden auf Schritt und Tritt beobachtet: Was wir machten, und wie wir uns verhielten. Etwas später, am 24. Juni, schrieb ich in mein Tagebuch : »Im Rundfunk singt gegenwärtig Peter Anders, in dieser Atmosphäre machte es mir doppelt Spaß, die Ereignisse des heutigen Tages einzutragen. Denn heute Abend erlebte ich »La Traviata« zum dritten Male.« Es war ja Ausgangssperre wegen des Ausnahmezustandes. Das bedeutete, um 21 Uhr abends mussten die Leute alle weg sein von der Straße, deshalb fing die Oper in Dresden schon um 17 Uhr an. Werktätige konnten da noch nicht ins Theater gehen.

Was mich in jenen Tagen am meisten aufgerüttelt hat, war eine Betriebsversammlung im Sachsen-Verlag. Die Sächsische Zeitung war das SED-Parteiorgan. In dieser großen Versammlung sprach Otto Buchwitz. Er war Fraktionsvorsitzender der SPD im sächsischen Landtag während der Weimarer Zeit gewesen und kam nun gerade aus Görlitz. Nach dem Krieg hat er von Seiten der SPD die Vereinigung zur SED mit vollzogen. Ich sehe ihn noch vor mir stehen und seine Rede halten. Er war so hilflos und erschüttert, denn in Görlitz war am 17. Juni Ungeheuerliches passiert: Tausende Arbeiter waren auf die Straße gegangen. Und in seiner Rede hat er der offiziellen Losung, der 17. Juni sei ein faschistischer Putsch, strikt widersprochen. Deutlich brachte er zum Ausdruck, dass er es kaum für möglich gehalten hat, ertragen zu müssen, »wie die Arbeiter, für die wir Politik gemacht haben, die wir an die Macht gebracht haben, gegen ihre eigene Partei aufstehen«. Das war wie ein frischer Wind. Das war Buchwitz. Ich war damals schon sehr erstaunt.

In Leipzig bin ich dann oft in andere Vorlesungen gegangen, vor allem in den Hörsaal 40, zu Korff, zu Mayer und zu Bloch. Postwendend bekam ich eine FDJ-Strafe, weil ich zu »bürgerlichen Wissenschaftlern« ausgewichen war. Diese Vorgehensweise war wirklich ein Spezifikum des Institutes.

Die Vorlesungen von Korff waren dreimal in der Woche Viertel nach zwölf. Wir gingen zu mehreren und hatten Mitstudenten beauftragt, uns einen Platz zu besetzen. Hörsaal 40 war immer voll. Aber oft waren für uns dann Viertel vor zwölf ad hoc FDJ-Versammlungen. Da war eben wieder irgendwas passiert, und es musste eine Erklärung oder Stellungnahme abgegeben werden. Diese Versammlungen haben wir einfach geschwänzt. Das war zu viel: FDJ-Versammlung schwänzen und auch noch zu bürgerlichen Wissenschaften gehen. Ich war Organisationsleiter der FDJ-Gruppe.

In der FDJ waren wir ja alle. Von den Publizistik-Studenten waren damals bestimmt achtzig Prozent in der SED. Mein Freund war CDU-Mitglied. Ich hatte anfänglich nicht begriffen - warum. Erst sehr viel später merkte ich, dass man als CDU-Mitglied eine Art Narrenfreiheit hatte. Man unterlag nicht der Parteidisziplin und war vor allen Dingen nicht mehr die Zielscheibe von Agitationen. Und man konnte kein CDU-Mitglied für die SED werben. So war es eine Schutzfunktion.

Nach dem 17. Juni 1953 schrieb Stefan Heym seine kritische Kolumne »Offen gesagt« in der Berliner Zeitung. Erich Loest schrieb seinen Artikel »Elfenbeinturm und rote Fahne« im Börsenblatt für den deutschen Buchhandel. Ich kannte Loest damals nicht. Aber dann zumindest den Namen durch den Artikel im Börsenblatt. Arnold Zweig schrieb eine große Seite über den Umgang mit der Jugend im Sächsischen Tageblatt. Es passierte immer wieder, dass Zeitungen vergriffen waren oder gar nicht öffentlich verkauft wurden, etwa das »Sächsische Tageblatt« oder auch »Der Sonntag«. Auf der einen Seite entstand dadurch die Hoffnung, dass es tatsächlich einen neuen Kurs geben könnte, wir aber erlebten dann die »Abrechnungen« im Institut.

Vor dem 17. Juni da war die Stimmung so verängstigt, dass ich nie meine Hand gehoben hätte gegen eine Relegation. Danach war man mutiger geworden, kriegte aber sofort eine auf die Tatzen.

Im Mai 1955 beschloss eine Gruppe von Studenten wegzugehen. Das hatte mit dem 17. Juni zu tun. Die Vorkommnisse dieses Tages mündeten für mich in der Einsicht: Die DDR ist nicht mein Staat. Bis dahin hatte ich immer noch gemeint, es könnte vielleicht aus dem Staat etwas werden. Der 17. Juni war dann die völlige Desillusionierung. Für mich war klar, dass es hier es keine lebenswerte Zukunft gab. Diese Einsicht wurde immer wieder neu bestätigt. Ein Anlass wegzugehen, hing mit dem Staatsexamen zusammen. Schon zu Beginn des Studiums mussten wir in die GST (Gesellschaft für Sport und Technik) eintreten. Das bedeutete: Schießen. Aber ich war ein unverbesserlicher Pazifist und habe gesagt: Ich schieße nicht. In diesem Zwiespalt fühlte ich einen immer stärker werdenden inneren Druck. Der hat sich niedergeschlagen in Kreislaufbeschwerden, bis hin zu einem Kreislaufkollaps. Ich habe davon meinen Eltern nichts erzählt. Sie wussten es nicht.

Wir waren eine Gruppe von etwa acht bis zehn Kommilitonen und nannten uns Demokraten. Heimlich natürlich. Allmählich hatten wir uns aneinander herangetastet. Da ich mich oft beobachtet fühlte, war ich inzwischen wieder in die Fockestraße zurück gezogen. Diese Wohnung war dann Treffpunkt für uns »Demokraten«. Wir hörten Friedrich Luft: »Stimme der Kritik«, sonntags Viertel vor zwölf, und gingen zusammen zu Bloch und anderen gesellschaftskritischen Vorlesungen. Aber allein die Tatsache, dass wir gemeinsame Interessen hatten, auch wenn diese in der DDR erlaubt waren, war schon irgendwie Geheimbündelei. Wir waren suspekt.

Als dann das Examen in Sicht kam, verlangte die Partei von allen zwei Unterschriften. Die eine galt der Verpflichtung, nach dem Staatsexamen in die Kasernierte Volkspolizei einzutreten. Die Partei wollte diese Demutsgeste, aber ich war nicht bereit zu einer solchen Verbeugung. Und die zweite Unterschrift verpflichtete dazu, nach dem Examen als staatlich geprüfter Journalist dorthin zu gehen, wo die Partei jemanden braucht. Nun war ich zwar nicht in der Partei, aber das war egal, die Partei regierte bei uns.

Offiziell wurde geredet und geredet. Und eine Rede gab auch den Ausschlag zum Weggehen. Es war die Rede eines Kommilitonen, der später eine Schriftstellerkarriere machen sollte. Damals war er Parteigenosse und völlig dogmatisch. Dieser Genosse hat also eine Rede gehalten, die in den Worten gipfelte: »Dieser Klunker, den wir Freund nicht mehr nennen können, Freunde, FDJler, Genossen und Parteifreunde, will die Uniform unserer Kasernierten Volkspolizei nicht tragen. Seht ihn euch genau an! Er trägt die Uniform des Feindes.« Ich wollte sofort aufspringen und vorstürzen. Da haben mich Freunde, wirkliche Freunde, festgehalten. Das war gut, denn wer weiß, was ich da alles gesagt hätte. Ich war ungeheuer wütend. Abends, im Leipziger Ratskeller, haben wir dann beschlossen, nach dem 20. Mai zu gehen. Das Datum hatte einen simplen Grund: Wir bekamen an diesem Tag Stipendium. Keiner von uns hatte Geld. Mein Vater hätte mir keine 100 Mark geben können.

Die Situation wurde immer spannungsgeladener. Auf der einen Seite fanden merkwürdige Kampagnen mit allen möglichen Druckmitteln, mit Versammlungen und Einzelgesprächen statt, und auf der anderen Seite musste man sich auf das Examen vorbereiten. Es war eine merkwürdige Atmosphäre im Mai des Jahres 1955.

Als wir beschlossen hatten, dass wir gehen, haben wir nur noch Skat gespielt, Tag und Nacht, und Russisch gelernt. Das Stipendium gab es an einem Freitag, und Donnerstag war das Staatsexamen in Russisch. Wenn wir das Stipendium noch kassieren wollten, mussten wir das Staatsexamen in Russisch machen. Im Examen habe ich dann eine Eins bekommen. Meinen Eltern und auch meinen Geschwistern war klar: »Heinz haut ab, Heinz geht in den Westen.«

An einem Sonntag habe ich mich in Riesa in den Zug gesetzt, um nach Ostberlin zu fahren. Am Montag morgen, in der Rushhour bin ich dann über die Sektorengrenze gen Westen gefahren. Ich wusste, dass öfter Leute herausgeholt werden, doch der Zug war zu dieser morgendlichen Berufszeit sehr voll. An der

privat

Heinz Klunker, 1953

Grenzstation gingen die Polizisten auf und ab. Ich hatte eine Adresse in Potsdam, zu der ich bei einer Kontrolle angegeben hätte, fahren zu wollen. Wir alle hatten uns morgens zwischen sieben und acht Uhr am Savignyplatz verabredet. Dort haben wir uns dann getroffen und sind zusammen in das Flüchtlingslager Marienfelde gegangen.

Das war die damals noch vergleichsweise harmlose Flucht. Mit großer Aufregung haben wir auf diesen Tag hin gefiebert. Davor allerdings hatte Leipzig für mich noch ein wunderbares Abschiedsgeschenk: Am 10. Mai erlebten wir die Schiller-Feier in der Kongresshalle: Hans Mayer hielt eine großartige Schiller-Rede und das Gewandhausorchester spielte Beethovens Neunte.

Werner Heiduczek, Schriftsteller, Jahrgang 1926,
war 1953 Schulrat in Merseburg.

»Es hat sich alles erledigt.«

Werner Heiduczek

Kaum drei Jahre nach Gründung der DDR hatte die Scheindemokratie ein Ende. Auf der zweiten Parteikonferenz im Juli 1952 verkündete Ulbricht eine neue Generallinie. Der Aufbau des Sozialismus sollte künftig in den Händen der Staatsmacht liegen. Eigentlich war damit der 17. Juni '53 vorprogrammiert. Ich habe nicht begriffen, was das alles sollte. Dachte nur, was kann denn groß in diesem Land anders werden. Angeblich hatten wir schon Sozialismus oder etwas Ähnliches. Meine Frau war Lehrerin an der Grundschule in Herzberg, hatte sich lange schon für Kultur interessiert und wurde zur Bundeszentralschule der Gewerkschaft nach Leipzig delegiert. Ziel war eine Stelle in Halle, im Landesvorstand der Gewerkschaft. Da ergab sich die Frage: Was wird aus mir? Und in diesem Zusammenhang sagte mir Jupp Teichmann, ein befreundeter Schulrat, dass eine Stelle im Volksbildungsministerium Sachsen-Anhalt frei würde. So eine Art Ministerialrat. Später wurde die Bezeichnung in Referent umgeändert. Na ja, und da war ich von 1951 bis 1952 verantwortlich für das Oberschulwesen im Lande Sachsen-Anhalt.

Meine Frau war in der Zwischenzeit nicht mehr bei der Gewerkschaft, sondern ist in Halle an ein Lehrerbildungsinstitut gegangen, um Erwachsene zu unterrichten.

Die Landesregierungen wurden im Herbst 1952 aufgelöst, das hieß: Verwaltungsreform der Bezirke. Und ich wurde Bezirksschulinspektor. Ein Laberarsch war man als Referent und auch als Inspektor. Das ist bis heute so. Diese Leute haben keine Verantwortung, die vermitteln nur, was ihnen gesagt wird, und sind eigentlich Schwätzer. Auch ich war einer. Dabei wollte ich Verantwortung haben. Also gut, hat man mir gesagt, die Schulratstelle in Merseburg wird frei. So bin ich im November 1952 erster Kreisschulrat in Merseburg geworden.

Damals waren die Leuna- und Buna-Intelligenz noch stark verbunden mit der Kirche und mit der IG Farben. Deshalb sagte man mir: »Geh vorsichtig mit diesen Leuten um. Wir glauben, du hast einen Draht zur Intelligenz, aber sei behutsam, wir brauchen sie.« Die Bevorzugung der Intelligenz in Leuna und Buna war ungeschriebenes Gesetz. Die Grundschule dort, nicht das Gymnasium, forderte die Einführung des Pflichtenglischunterrichts in der fünften Klasse. Das konnte sich nur Leuna-Intelligenz leisten. Jeder andere wäre abgeschmettert worden. Doch ich bekam sofort den Auftrag, mit einem leitenden Ingenieur von Leuna, der der Kirche nahe stand, und einem Volkskammerabgeordneten aus Leuna nach Berlin zum Volksbildungsministerium zu fahren. Das diplomatische Ergebnis des Besuchs war Englischunterricht auf freiwilliger Basis. Ein erstaunliches Zugeständnis, dachte ich, denn immer mehr spürte ich den starken Kampf zwischen Kirche und Staat. Damals trugen viele Jugendliche ganz bewusst das Abzeichen der Jungen Gemeinde: ein Kreuz mit dem Erdball. Und sowohl die Kirche als auch der Staat haben entscheidende Fehler gemacht. Sie trugen ihren Kampf auf den Schultern der Schüler aus: Wer zur Jugendweihe ging, wurde nicht konfirmiert. Wer nicht zur Jugendweihe ging, kam nicht zur Oberschule. So war das.

Als Schulrat war ich Vorsitzender der Aufnahmekommission für die Oberschulbewerbungen. Es gab damals eine Verfügung vom Volksbildungsministerium, dass Arbeiterkinder besonders gefördert werden sollen. Diese Regelung befürwortete ich, befürworte ich auch heute noch. Es ist ein Unterschied, ob ich als Kind bei einem Hilfsarbeiter groß werde oder in einer Intelligenzfamilie, wo Bücher herumstehen und wo die Eltern selbst daran interessiert sind, dass das Kind zur Oberschule geht. Also war der geforderte Leistungsdurchschnitt für Arbeiterkinder ungefähr 2,5, für Kinder der Intelligenz 2,0. Daran habe ich mich konsequent gehalten und in der Aufnahmekommission, deren Vorsitzender ich als Schulrat war, sämtlichen Pastorenkindern einen Platz zuerkannt, weil sie die Norm erfüllten. Doch schon im Mai 1953 kam eine Kommission vom Rat des Bezirkes und sagte mir, indem sie Listen vorlegte: »Der,

der, der und der muss raus.« Das waren alle Pastorenkinder. Ich weigerte mich. Schließlich hatte ich die Eltern bereits benachrichtigt, dass ihre Kinder aufgenommen waren. Das war denen egal. Drohend wurde von einem Nachspiel gesprochen. Es vergingen ungefähr zehn Tage oder zwei Wochen, ich weiß es nicht mehr, da kam der Auftrag, beim ersten Kreissekretär der Partei in Merseburg anzutanzen. Hier wiederholte sich der Vorgang. Auch der sagte mir, das, das und das Pastorenkind und die Arztkinder müssen raus. Also musste ich den Eltern, denen ich bereits die Mitteilung gemacht hatte, dass ihr Kind zur Oberschule aufgenommen wird, schreiben, dass das Kind nun doch abgelehnt wurde. Eine Begründung musste ich selbst finden. Aber es kam noch schlimmer. Anfang Juni bekam ich den Auftrag, zwei Lehrer fristlos zu entlassen, weil sie an einer Wochenendschulung der Kirche in Stollberg teilgenommen hatten. »Das ist doch kein Grund«, sagte ich, »diese Lehrer fristlos zu entlassen. Da komme ich nicht mal durch, wenn sie beim Arbeitsgericht klagen, nicht mal in der DDR. Was soll ich denen sagen?« Zur Antwort bekam ich: »Das ist deine Sache.«

Ein paar Tage später, es war der 17. Juni, hatte ich diese Lehrer eingeladen, um mit ihnen zu sprechen und sie eventuell zu entlassen. Da plötzlich bekam ich einen Anruf vom Pförtner: In Leuna und Buna wird gestreikt. Irgendwie hatte ich darauf gewartet. Und als die beiden Lehrer kamen, um mich zu sprechen, sagte ich ihnen: »Es hat sich alles erledigt, sie können wieder nach Hause gehen, können unterrichten. Es gibt kein weiteres Gespräch.« Ich glaube, die Lehrer hatten eine Ahnung.

Zur gleichen Zeit sollte in der Ernst-von-Harnack-Oberschule auch ein Lehrer fristlos entlassen werden, der in der Aula seiner Schule eine Rede pro Junge Gemeinde gehalten hatte und rasenden Beifall bekam. Ich habe eine Weile nicht reagiert, versuchte den Fall hinauszuschieben. Noch heute sehe ich den Verantwortlichen für Volksbildung beim Kreis Merseburg vor mir. Er kam zu mir und sagte: »Werner, jetzt ist es 10 Uhr. Wenn dieser

Demonstranten am Werkstor von Leuna

Mann um 12 Uhr nicht entlassen ist, fliegen wir beide. Das war der Ton. So wurde mit uns geredet. Da bin ich in die Ernst-von-Harnack-Schule zum Direktor und habe den Lehrer kommen lassen. Mir blieb nur eines übrig, nämlich ihm mitzuteilen: »Gegen Sie liegt etwas vor. Ob das stimmt, weiß ich nicht und werde es überprüfen. Aber ich muss Sie beurlauben, Sie kriegen Ihr Gehalt weiter. Doch bis zum Ergebnis der Überprüfung kann ich Sie nicht mehr unterrichten lassen.« Dann bin ich nach Hause gegangen, das heißt in mein Schulratszimmer und habe nichts gemacht. Was sollte ich auch überprüfen? Es vergingen vielleicht vier, fünf Tage, dann kam dieser 17. Juni.

Und kaum hatte ich die zwei Lehrer weggeschickt, bekam ich einen Anruf von der sowjetischen Kommandantur: Die Ernst-von-Harnack-Schule muss sofort geschlossen werden. Dort werden Bilder von den Wänden gerissen und auf die Erde geschmissen. Telefonisch schloss ich die Schule und ging zum Rathaus. Auch von dort waren Tumulte gemeldet worden. Ich wollte sehen, ob die Nachricht stimmte. Beim Eintreten rief mir einer entgegen: »Auf diesen Tag habe ich schon lange

Sowjetische Panzer vor den Leuna-Werken

gewartet.« Mehrere rissen die Bilder runter, schlugen wild um sich. So kann es auch nicht gehen, sagte ich leise zu mir. Und dann erlebte ich auf der Straße, wie das Stasigebäude gestürmt wurde: brennende Akten rausgeworfen wurden, ein unerhörter Aufruhr. Aber plötzlich kamen die Russen, und alle wichen in die Hosen kackend zurück. Nur die eine oder andere Frau stellte sich ihnen entgegen. Da merkte ich mit einem Mal, dass Frauen – und das ist mir damals sehr bewusst geworden – viel furchtloser sind als die Männer.

Die Männer sind dann immer stark, wenn eine Gruppe hinter ihnen steht. Da schwillt ihre Brust. Und wenn ein Mädchen dabei ist, dann wollen sie noch vor dem Mädchen wie ein Pfau ihr Rad schlagen. Aber alleine sind sie so klein. Ich würde in der Illegalität einer Frau eher zutrauen, dass sie bei Verhören schweigt, als einem Mann. Das ist eine Erfahrung, die ich im Leben gemacht habe, auch im Sommer 1953.

Ein oder zwei Tage nach den Vorfällen vom 17. Juni kam jener beurlaubte Lehrer zu mir. Er lächelte mich an, ich lächelte zurück und sagte: »Es hat sich alles erledigt. Ich habe alles überprüft. Sie können wieder unterrichten.« Und da war mir klar: Hier kannst du nicht bleiben. Dieser Staat, dieses System ist so beschissen, das geht nicht. Eh du dich versiehst, hast du dreckige und blutige Hände.

Wieder bin ich zu einem Freund gegangen. Glücklicherweise hatte ich immer Freunde in irgendwelchen einflussreichen Positionen. Dieser, der Otto Bernd, war verantwortlich für die Lehrerweiterbildung im Bezirk Halle. Zu ihm habe ich gesagt: »Otto, hol mich hier raus. Du weißt, ich habe als Schulrat nur zwei Möglichkeiten: Entweder ich steige, indem ich alles mache, was man mir sagt. Oder ich falle so tief, dass ich mich nicht mehr wiederfinde. Ehe ich mich versehe, lande ich sonst irgendwo im Gefängnis.« Otto half. Er schlug mir vor, an einem Sonderlehrgang an der Pädagogischen Hochschule für Schulfunktionäre, die nur acht Monate Neulehrerkursus hatten, teilzunehmen. »Dazu gehörst du nicht«, machte mir Otto klar, »denn du bist ja nach deinem Neulehrerkurs sechs Semester zum Vollstudium gegangen. Aber ich werde dich trotzdem anmelden. Ich werde zwar einen Rüffel dafür bekommen, aber das kostet mich ein Lächeln. Wenn du die Immatrikulation zu diesem Sonderlehrgang in Potsdam hast, gehst du zur Bezirksleitung und bittest um die Freigabe.« Das habe ich so gemacht. Ich bekam die Immatrikulation und meldete mich bei der Bezirksleitung. Es ging etwas hin und her, bevor es die Freigabe gab. Allerdings musste ich unterschreiben, nach Abschluss dieses Sonderlehrganges als Schulfunktionär nach Halle zurückzukommen.

Nun kannte ich damals die Verhältnisse in der DDR schon so weit, dass ich wusste, was dieses Jahr gilt, ist nächstes Jahr nichts mehr wert. Also unterschrieb ich und hoffte, später irgendeinen Dreh zu finden, irgendein Schlupfloch. Beispielsweise so gut zu sein, dass sie mich an der Hochschule behalten wollten.

Ich schrieb – und das war für 1954 erstaunlich – über den Expressionismus bei Friedrich Wolf. Und ich schrieb über das dramatische Frühwerk Wolfs. Er war inzwischen gestorben. Ich setzte mich mit seiner Witwe in Verbindung. Sie öffnete mir die Archive. Wohnen konnte ich dort. Habe in Wolfs Bett geschlafen. Für die Professoren war es schwer, meine Arbeit zu beurteilen. Nicht, weil sie dumm waren, sondern weil ich einfach mehr Unterlagen hatte als sie. Sie gaben mir, ihnen blieb gar nichts anderes übrig, eine Eins. Eigentlich war das eine Dissertation. Und dann fragte mich Else Wolf, ob ich als freier Mitarbeiter bei der Akademie der Künste arbeiten wollte, bei Kantorowicz. Bei ihm meldete ich mich zur Dissertation. Ich dachte, die in Halle, die können mich mal.

Man hat später manchmal zu mir gesagt, du musst ein Schlitzohr sein oder du bist ein Schlitzohr. Ich habe das in meinem Leben gelernt – wohl weil mein erster Bruder mit dieser Geradlinigkeit in den Tod getrieben wurde, ihn haben wir mit 20 Jahren beerdigt. Du musst manchmal merkwürdige Wege gehen, um zum Ziel zu kommen, sagte ich mir. Mein oberstes Prinzip war immer, Zeit zu gewinnen.

Ich bekam einen Vertrag bei der Akademie der Künste, um als freiberuflicher Mitarbeiter am Nachlass von Friedrich Wolf weiterzuarbeiten.. Mit der Doktorarbeit wurde es nichts, weil Kantorowicz ein Vierteljahr später in den Westen abgehauen war. Seine Haltung, heute würde man sagen »humanitärer Idealismus«, war politisch nicht opportun. Immer stärker hatte sich Kantorowicz der »Bonzokratie« verweigert. Nachdem er 1957 die Ungarn-Resolution des Schriftstellerverbandes nicht unterzeichnet hatte, entkam er nur durch die Flucht der Parteistrafe. Also zerfielen meine Träume.

Aber ich kannte ja alle vom Rat des Bezirkes, den Bezirksschulrat, die Inspektoren, die ich zum Teil selbst nach Halle geholt hatte. Und während des Skatspielens mit dem Bezirksschulrat und seiner Stellvertreterin – wir wohnten im selben Haus – warf ich so beiläufig ein: »Zurück komme ich nicht mehr. Was soll ich hier?« Und wir spielten weiter Skat. Der Bezirksschulrat wurde für ein Jahr zur Parteischule nach Erfurt delegiert. Die Stellvertreterin übernahm sein Amt und schrieb sofort ans Ministerium für Volksbildung, dass ich aufgrund von Vetternwirtschaft mit dem Bezirksschulrat nach Potsdam gekommen sei und jetzt nicht mehr zurück in mein Amt will. Die Vorladung ließ nicht lange auf sich warten. Von meiner Dissertation sprach ich und von allem, was ich so vorbringen konnte. Aber das war ihnen egal. »Ihr könnt mich alle am Arsch lecken« war mein letzter Satz, dann ging ich raus und dachte, das sei erledigt.

Inzwischen bekam ich wirklich eine Assistentenstelle an der Pädagogischen Hochschule angeboten. Schade, dass mir die Vorlesungen nun ziemlich egal waren, sondern mein ganzes Augenmerk einer vielleicht möglichen Dissertation galt. Da Genossen nicht aus dem Schuldienst raus durften, brauchte ich wieder einen dieser Winkelratschläge. Er kam prompt: Ich sollte Assistent werden an der Pädagogischen Hochschule in Potsdam. Und in dieser Tätigkeit am Nachlass von Friedrich Wolf weiterarbeiten. Trotz meiner Zustimmung war mir klar, dass ich diese beiden Arbeiten nicht vereinbaren konnte.

Die Pädagogische Hochschule sah mich nicht mehr, um so öfter die Akademie der Künste. Vielleicht merkt es keiner, belog ich mich selbst. Aber die haben nachgeforscht. Es kam eine erste, eine zweite Aufforderung, mich zu melden. Das Ministerium für Volksbildung schlug mir vor, Schulleiter der Erweiterten Oberschule in Merseburg zu werden, wo ich vorher Schulrat war. Meine Antwort: Mach ich nicht. Dann, ein oder zwei Wochen später ihr Vorschlag: Stellvertreter. Also, sie gingen aufgrund meiner Haltung runter. Und wieder die gleiche Antwort: Mach ich nicht. Ich übernehme überhaupt keine Funktionen. Na, dann gehst du als Lehrer an die Kinder- und Jugendsportschule. Ich hätte das auch ausgeschlagen, aber meine Situationen war doppelt schwierig – dienstlich und privat: Meine Frau war inzwischen in Erfurt Oberassistentin am Institut für Lehrerbildung und wohnte mit einem anderen zusammen. Ich lebte in Potsdam mit einer Studentin. Die älteste Tochter war bei der Mutter in Halle. Und wir wollten uns trennen. So sind wir beide aufgrund dieser politischen Situation, die zwangsläufig ins Private reinspielte, in Halle zum Amtsgericht gegangen. Wir dachten, also gut, wir lassen uns scheiden. Und dann guckten wir uns an, unsicher, vielleicht auch verzweifelt und sagten: »Irgendwie alles Scheiße, komm wir fangen neu an, wir bleiben zusammen. Wir treffen uns wieder, du gibst Erfurt auf, ich gebe Potsdam auf, wir gehen nach Halle zu unserem Kind.«

So haben wir das gemacht. Ich wurde Lehrer an der Kinder- und Jugendsportschule. Wieder half einer – der Konecny. Ihn kannte ich noch von der Landesleitung der Partei her. Der war dort Schulleiter, freute sich, dass ich kam und vier Jahre blieb. Mein Vorsatz war: Nie mehr eine staatliche Leitungsfunktion. Endlich konnte ich aufatmen. Erst beim Wiederlesen meines Tagebuches merkte ich, wie dreckig es mir in den letzten Jahren gegangen war, wie krank ich mich oft gefühlt hatte.

Wenn ich mir das Tagebuch heute zur Hand nehme, lese ich es neu, bemerke, dass meine damalige Schrägsicht auf das politische Geschehen und auf die Vorfälle um den 17. Juni eine Analyse war, die den Zusammenbruch 1989 vorausahnte.

Das quälende Hin und Her zwischen den widersprüchlichen Tagesansichten kippte mit dem 17. Juni. Ich hatte 1953 durch meine Schulratszeit erkannt, was mit diesem System los war. Aber – und das ist auch eine Erfahrung, die ich gemacht habe – wenn es einem besser geht, fällt man wieder hinter Erkenntnisse zurück, die man bereits gehabt hat. Das heißt, ich habe durch unmittelbare Erfahrungen in den Tagen um den 17. Juni klarer gesehen, als zwei oder drei Jahre später. Was ich schon mal als hohl tönendes Blech entlarvt hatte, klang später wieder nach eherner Wahrheit. Das ist schwer zu beschreiben, denn es lief nicht kontinuierlich, hatte eher mit neuen Schlägen oder unerwarteten Wendungen zu tun. So gesehen, hatte mir der 17. Juni die Augen geöffnet. Es ging nicht nur um Wirtschaft. Es ging eigentlich um Ideologie, um Machtpolitik. Die Wirtschaft war die Folge. Und insofern meine ich: Der 17. Juni, und damit meine ich nicht nur den Tag, sondern die Wochen und Monate davor und auch die Zeit danach, hat vielleicht mein ganzes Leben geprägt.

Manfred Romboy, ARD-Fernsehregisseur und Kameramann, Jahrgang 1936, war 1953 Fernmeldeunterhaltungsarbeiter in Leipzig.

»Auch Revolutionäre müssen zu Abend essen.«

Manfred Romboy

Unsere Wohnung in der Härtelstraße 7 – das ist einen Steinwurf weit von der Windmühlenstraße entfernt – befand sich im Zentrum der Ereignisse. Gemeint sind die Ereignisse des 17. Juni. Für mich der zweite Urlaubstag.

Durch mein geöffnetes Schlafzimmerfenster war über einen längeren Zeitraum Stimmengewirr zu hören, dazwischen immer wieder Beifall. Draußen schien etwas los zu sein. Ich habe mich angezogen, dann als begeisterter Fotoamateur mit Bildjournalisten-Feeling meine Weltax-Kamera über den Arm genommen und bin in die Windmühlenstraße gegangen. Von weitem sah ich stehende Straßenbahnen und Bauarbeiter in ihrem weißen Drillichzeug in Wort und Widerwort mit Polieren oder anderen Vorgesetzten. Dann Gelächter, höhnische Quittierung von irgendwelchen Gegenreden, die Leute gehalten hatten. Auf einem handgemalten Transparent las ich: »Butter statt Kanonen!«. Ich bin näher herangegangen und hörte laute Proteste gegen Normerhöhung und manches andere. Da wurde ich hellhörig. Ich war ja selbst bei der Deutschen Reichsbahn und hatte erlebt, dass wir als Fernmeldeunterhaltungsarbeiter, um unseren lächerlichen Stundenlohn von, ich glaube, einer Mark überhaupt zu sichern, im Leistungslohn arbeiten mussten. Das hieß, nach Zeit auf die Masten zu klettern. Wir putzten die Isolatoren mit Sand und Wasser, die durch die Braunkohlenbefeuerung leitend geworden waren und das reichsbahneigene Telegrafennetz störten. Auch uns waren die Normen erhöht worden. Wir mussten pro Stunde dreißig Isolatoren mehr putzen und so und so viel Masten mehr besteigen.

Ich reihte mich ein, und wir liefen nun in Zwölfer- oder Fünfzehnerreihen über die Windmühlenstraße, die dann ja übergeht in die Grünewaldstraße, an der Ringbebauung entlang. Das ging sehr langsam, denn dort waren einige Baustellen. Der Demonstrationszug blieb stehen, Rufe wurden laut,

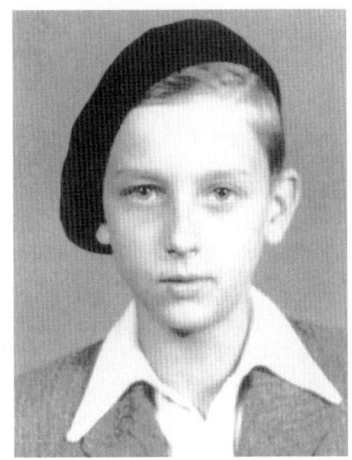

Manfred Romboy, 1952

wie: »Kommt runter!« – »Was denn? Leck mich am Arsch!«
– »Kommt runter! Macht mit!« – »Ach was!« Die Bauarbeiter
mauerten oder strichen weiter.

Die von da oben nahmen offensichtlich an, dass das eine
ganz normale Kundgebung sei und riefen zurück, dass sie
arbeiten müssten, um ihre Norm zu erfüllen. Und dann kam
aus unserer Demonstranten-Gruppe: »Für die arbeiten wir
nicht mehr, die Normen müssen runter!« Einer der Bauarbeiter erkundete vom Gerüst aus, was los war, und hat es dann
mitbekommen. Der Erste kletterte am Baugerüst unter großem
Beifall des wartenden Demonstrationszuges herab, ein Zweiter
und Dritter folgten. Ein paar Gebäude weiter wiederholte sich
an den offenen Fenstern eines Kleinbetriebes dieser Dialog. So
kamen wir nur langsam vorwärts, am Europahaus vorbei in
Richtung Hauptbahnhof. Vor dem Europahaus hatte sich eine
große Gruppe versammelt. Man hörte Gejohle. Da waren von
der Menge ein oder zwei Vopos eingekesselt worden und die
sollten geschlagen werden. Aber andere riefen wieder: »Nicht

Demonstrationszug vorm Leipziger Hauptbahnhof – Manfred Romboy (rechts) legt gerade einen neuen Film in seine Kamera ein.

hier! Es genügt, wenn wir denen die Mütze wegnehmen. Komm, der soll die Hose ausziehen.« Die Polizisten flüchteten dann in Unterhosen durch die Grünanlagen Richtung Neues Rathaus. Auf dem Weg zum Hauptbahnhof sah ich, wie die allgegenwärtigen Stalin- und Ulbricht-Bilder heruntergerissen wurden und wie es Unstimmigkeiten in der Gruppe gab, als jemand Marx, Engels und Thälmann herunterreißen wollte, weil wieder andere Leute sagten: »Wenn die noch leben würden, wäre es nicht so weit gekommen.« Die Wutausbrüche gegen Bilder waren also differenziert. In jedem kleinen Konsum-Milchgeschäft hingen Stalin und Ulbricht. Die Vorbeiziehenden riefen: »Kommt, gebt den Spitzbart raus!« Unter Gejohle wurde dann das Bild rausgeworfen. Das Motiv war, sich gegen die Unterdrückung zu wehren, die ohne Zweifel in der frühen DDR stattfand und gerade um 1953 gewalig zunahm. Es war uns ja wegen der drakonischen Strafen, die uns bekannt waren, nicht möglich, in den Betrieben oder in den Schulen eine Gegenposition einzunehmen. Wir mussten wie Vieh aufstehen und Stalin oder

125

einem Stalinwort zujubeln, wenn der Parteisekretär gesprochen hatte. Nun gab es zum ersten Mal die Möglichkeit, Widerwort und Widertat zu geben.

Auf dem Bahnhofvorplatz waren schon einige Tausend versammelt. Inzwischen war es Mittag. Die Straßenbahnen standen eingeklemmt zwischen den Menschen. Und ich schwamm in unserem Demonstrationszug etwa bis zum Hotel Astoria mit. Dort bildete sich eine Art Kundgebungsgruppe, die sich schnell vergrößerte. Immer wieder die Forderung: Alle müssen mitmachen, sonst können wir hier nicht gewinnen.

Alle merkten, die Staatsmacht war nicht mehr gegenwärtig. Sie war zusammengebrochen.

»Wir müssen den Rundfunk besetzen.«, meldeten sich Anführer zu Wort. »Der Hetzsender muss ausgeschaltet werden.« Und ich marschierte mit einer Gruppe, wohlgemerkt nicht als Demonstrant, sondern etwas seitlich als jugendlicher Bildjournalist, über den Yorkplatz in Richtung Springerstraße zum Funkhaus. Am Yorkplatz gab es nochmals einen großen Halt an den Stadtwerken. Da standen hinter den Gittertoren hundert oder hundertfünfzig Mann der Belegschaft und Betriebsschutzleute, – keine Vopos, aber in ähnlichen Uniformen – die mit gezogenen Pistolen versuchten, die Arbeiter daran zu hindern, sich uns anzuschließen. Es gab lautes Gejohle und großes Gerüttel an den Gittertoren. Die Betriebsschutzleute wurden ohne Schusswechsel weggefegt. Das eiserne Tor ging auf, und die Belegschaft schloss sich uns an. Wir marschierten zur Springerstraße, wollten in das Gebäude eindringen und stellten fest, dass es verbarrikadiert war. Wenn ich mich recht erinnere, habe ich bis in den zweiten Stock hinein auch Sandsäcke oder Ähnliches vor den Fenstern gesehen. Waffenläufe waren auf uns gerichtet, aber keine Schüsse fielen. Es passierte nichts. Die Gruppe war bis auf einige Hunderte zusammengeschmolzen. Als wir merkten, dass wir nichts bewirken können, lösten wir uns ganz langsam auf. Und ich ging zurück in die Innenstadt, überquerte dabei den Marktplatz, sah in Höhe des

Untergrundmessehauses einen Kiosk brennen. Unweit, zwischen dem Alten Rathaus und der Alten Waage, stand der Pavillon der Nationalen Front. Es war ein einstöckiger, ein Gips-, Holz- und Pappebau. Mir wohlbekannt, weil ich da öfter zu kostenlosen Kinovorführungen hinging. Dort konnte man in eleganten, schweren Polstersesseln DDR-Foto-Fachzeitschriften lesen, die es nicht zu kaufen gab. Ich war des Öfteren in diesem Gebäude und sah jetzt, dass es geplündert wurde. Es brannte nicht – im Gegensatz zu dem Kiosk. Aber es flogen Sachen aus den Fenstern, und Möbel wurden weggetragen. Ich sah einen Mann, der mehrere Stühle auf ein Fahrrad binden wollte und Schwierigkeiten hatte, die sperrigen Stühle mit dem Fahrrad zu transportieren. Das erweckte in mir ein ungutes Gefühl. Hier wurde eine wichtige Sache benutzt und damit degradiert. Ich erlag nicht der Versuchung mitzutun, obwohl meine Begehrlichkeit groß war, als ich sah, dass da TK 35 Kofferfilmgeräte rausgetragen wurden. Einige hundert Personen waren zu diesem Zeitpunkt auf dem Marktplatz. Es waren aber mehr Leute, die bereit waren, Sachen herumzuwerfen, als Leute, die diskutierten und eine Änderung der politischen Verhältnisse haben wollten.

Doch Volksaufstand hin oder her, der Mensch hat auch Hunger. Die Töpfe meiner Mutter riefen. Da beschloss ich, erst einmal eine Revolutionspause zu machen.

Mein Weg führte durch die Petersstraße über den Rossplatz, den Peterssteinweg, die Wächterstraße in Richtung Beethovenstraße und Härtelstraße. Dort habe ich mich nicht sehr lange aufgehalten, habe zu Mittag gegessen, mal aus dem Fenster geguckt, meiner Mutter und meinem jüngeren Bruder berichtet, was los war in der Stadt. Die hatten nichts mitgekriegt.

Mein Vater war in dieser Zeit zwangsweise bei der sowjetischen Wismut AG, was große Vorteile brachte: Bei uns in der Familie hatte der Hunger aufgehört. Mein Vater brachte Riesenrucksäcke gefüllt mit Lebensmitteln nach Hause. Beim großen Schichtwechsel kam er nach Leipzig und wurde am

Hauptbahnhof von uns abgeholt. Im Rucksack war geräuchertes Kassler und viele Flaschen akzisefreier Trinkbranntwein für 67 Pfennig, der zur heimlichen Währung meiner Mutter wurde. Im Konsum, in der Fleischerei und überall gab sie eine Flasche ab, nach dem Motto: Wenn ich zu Weihnachten keine guten Rouladen bekomme, werdet ihr keinen Schnaps mehr kriegen.

Ich verbrachte meine Schul- und Arbeitsferien im Regelfall bei meinem Vater und aß mit in der Bergmannskantine. Mit Genehmigung des sowjetischen Schachtkommandanten durfte ich einmal mit einfahren in den Erzbergbau. Mein Vater hatte sich mit dem System arrangiert, und meine Mutter hatte nur Sorgen, ihre Kinder groß zu kriegen.

So bin ich an diesem Mittwoch im Juni nach dem Essen mit meinem Fotoapparat wieder in die Beethovenstraße gegangen und fand dort Folgendes vor: Das Gebäude der Staatsanwaltschaft war teilweise besetzt. Zwei oder drei Fenster standen offen. Und aus diesen Fenstern flogen Schreibmaschinen und Akten raus. Einige lagen schon unten, auch Uniformen und Uniformteile von Volkspolizisten. Ab und zu gingen mal Leute rein und wieder raus – Neugierige. Das war alles. Es stand eine Gruppe von ein paar hundert Personen in der Beethovenstraße und schaute einfach. Diskussionsgruppen von zwanzig, dreißig Leuten, die über die Lage und über politische Bevormundungen redeten, bildeten kleine Inseln dazwischen. Es waren alles Arbeiter. Sie meinten: »Was soll denn das?« – »Wir müssen morgen früh zur Arbeit gehen.« – »Wir wollen mehr Geld haben, müssen unsere Kinder versorgen.« – »Für die arbeiten wir nicht mehr.« – »Aber Streikgeld zahlt uns auch niemand.« Solche konkreten Beiträge waren zu hören. Dazu gehörte auch der Sturz des kommunistischen Regimes. Das war unstrittig.

Gegenüber dem Tor zum Untersuchungsgefängnis war ein Fuhrgeschäft, das noch mit Pferden zog. Von der Straße aus zugänglich, standen dort mehrere Pferdefuhrwerke mit ihren Deichseln. Die wurden herausgenommen und als Rammbär benutzt, um die große Toreinfahrt – es gibt sie heute noch –

aufzustemmen. Die Gefangenen sollten befreit werden. Ich glaube, es mussten drei Deichseln herhalten, bis das Tor auf ging. Alle, die dort standen, strömten jetzt in den Innenhof und kamen sofort wieder raus, weil hinter Sandsäcken im Lichthof die Vopos lagen. Und die hatten Maschinengewehre. »Die schießen.«, wurde gerufen, aber es passierte nichts. Niemand dachte zu diesem Zeitpunkt an die sowjetische Besatzung. Es war klar, das DDR-Regime war weg. Vielleicht hätte man auch ein sehr liberales DDR-Regime wieder akzeptiert, ohne Normerhöhungen und diese Dinge.

»Ruhe, Ruhe!«, riefen plötzlich ein paar unruhig umherlaufende Männer. »Seid doch mal bitte alle ruhig.« Und dann sah ich, wie sich ein oder zwei Männer auf den Asphalt in der Beethovenstraße legten und sagten: »Panzer! Da sind Panzer! Die Russen kommen!« Und wenige Minuten später brauchte man sich nicht mehr auf den Asphalt zu legen. Man hörte dumpfe Kettengeräusche aus der Richtung der Karl-Liebknecht-Straße. Ich bin vorsichtig vor gelaufen und sah sowjetische Panzer in Zweierformationen gestaffelt hintereinander. Die wälzten Verkehrsinseln nieder, ohne es selbst zu bemerken. Dazwischen liefen im Laufschritt Rotarmisten mit ihrer Pepescha, mit dem runden Magazin und schossen in die Luft. Die Panzer fuhren relativ schnell, verschwanden in Richtung Neues Rathaus und waren weg. Daraufhin ging ich nach Hause.

Die Leute, mit denen ich sprach, wussten zu diesem Zeitpunkt: Jetzt ist alles aus, und man braucht nichts mehr zu machen. Die Präsenz der sowjetischen Macht ließ auch den letzten Rest von Kredit schwinden, den Ulbricht und Konsorten noch hatten. Die Ankunft der Panzer hatte gezeigt, dass diese Macht, wie RIAS Berlin immer sagte, auf sowjetischen Bajonetten ruht.

Am Abend des 17. Juni, nach dem ersten Schock, bin ich zurückgegangen in unsere Wohnung – und es war wieder Abendbrotszeit. Auch Revolutionäre müssen zu Abend essen. Die Mutter wartete mit Pfefferminztee und hat gesagt: »Ihr geht mir aber beide – es betraf auch meinen jüngeren Bruder –

nicht mehr raus.« Wir wohnten im dritten Stock und hatten durch die vielen Ruinengrundstücke einen weiten Blick in Richtung Beethovenstraße und rüber nach der Windmühlenstraße. Neugierig sind wir am frühen Abend, da vom Fenster aus nichts Richtiges zu sehen war, wieder in die Stadt gegangen. Zwischen zwei Russenpanzern vor dem Neuen Rathaus patrouillierten Gruppen russischer Soldaten, die sich unterhielten und rauchten. Das martialische Geräusch sowjetischer Märsche, die aus den RFT-Stadtfunksäulen kamen, gab dem Ganzen etwas Theatralisches. Diese Töne waren neu. Ab etwa 1948 waren nicht nur die Verkehrsgeräusche in der Leipziger Innenstadt zu hören, sondern die Bevölkerung wurde permanent beschallt durch eine Fülle von Riesenlautsprechersäulen, die sich vom Waldplatz durch die gesamte Leipziger Innenstadt zogen. Es wurden Nachrichten des offiziellen Senders Radio DDR, aber auch eigene Musik und eigene Ansagen gesendet. Und aus diesen Stadtfunksäulen kamen am 17. Juni nach dem Einmarsch der sowjetischen Streitkräfte permanent und ausnahmslos sowjetische Märsche in Originalaufnahmen, die alle fünf Minuten durch die Ansage unterbrochen wurden: »Befehl des sowjetischen Stadtkommandanten: Über die Stadt Leipzig wird Ausnahmezustand verhängt. Nicht mehr als so und so viel Personen dürfen auf der Straße stehen. Es ist den Anweisungen der sowjetischen Streitkräfte unbedingt Folge zu leisten.« Und es wurden irgendwelche drakonischen Strafen, ich glaube sogar die Todesstrafe, durch diese Ansagen angedroht.

Jetzt wiederum meine persönliche Bildeinstellung: Plötzlich waren vor dem Neuen Rathaus und der friedlichen Skyline der Leipziger Innenstadt sowjetische Panzer zu sehen, die, von der Abendsonne beschienen, mit der dazugehörigen Marschmusik in Richtung Peterstraße rollten. Das war doch ein recht theatralischer Vorgang. Damit war ich in einem gänzlich anderen Film als am Morgen.

Nach Hause gekommen, habe ich in meinem mit Wolldecken verhangenen »Kinderzimmer« meinen ersten Film entwickelt und fachlich begutachtet. Es war einer der Rollfilme im Format BII/8. Darauf waren meine ersten Aufnahmen von diesem Tag. Es war ein aufwendiges Verfahren, den Film entwickeln, wässern und trocknen zu müssen. Mehr habe ich an diesem ersten Abend nicht geschafft. Die positiven Vergrößerungen meiner Fotos habe ich nie gesehen. Es kamen dann andere Dinge, die mir wichtiger waren, als die Fotos fertig zu machen, zumal mir klar war, dass ich sie niemandem zeigen werde.

Wenige Tage nach dem 17. Juni, am Wochenende, begleitete ich meinen Vater, der die Friedhöfe abging, auf denen wir Verwandte liegen hatten, um die Gräber in Ordnung zu bringen. Dort sahen wir an verschiedenen Stellen Sowjetsoldaten hinter Sandsäcken mit Maschinengewehren zwischen den Gräbern, die diesen Friedhof unter Kontrolle hielten. Wahrscheinlich weil in alter Revolutionärstradition die Friedhöfe Treffpunkte von Zusammenrottungen waren.

Am 23. Juni bin ich gegen Mittag zu Foto »Beezee« am Neumarkt gegangen, – das war das größte Fotogeschäft in Leipzig an der Mädlerpassage – um dort Filme zu kaufen und meinen üblichen Schwatz mit dem alten Herrn Richter zu führen, der mir Fotohinweise und Tipps gab. Als ich wieder aus dem Laden kam, wurde ich von zwei Männern, die in der Mädlerpassage standen, an den Oberarmen gefasst: »Sie sind verhaftet! Fotoapparat her!« Durch Ledermäntel und Schlapphüte wiesen sie sich aus, so dass ich nicht zu fragen wagte, wer sie seien. Ein paar Schritte sind sie mit mir auf der Straße in Richtung Handelshof gegangen, schlossen eine seitliche, kleine eiserne Tür auf, die mir vorher nie aufgefallen war, und ich stand in einer Tiefgarage, der ersten Tiefgarage meines Lebens. Ich wusste nicht, dass es so etwas gab. Da parkten sechs oder sieben dunkelblaue BMWs – die DDR produzierte damals Vorkriegs-BMW auch unter diesem Namen weiter. In einen dieser Wagen wurde ich geschoben. Ein neben mir Sitzender in Zivil zog seine Pistole raus und sagte: »Nur dass wir klar sehen, wenn du hier irgendwelche Zicken machst, kriegste eine blaue Bohne in den

Arsch.« und steckte die Pistole wieder ein. So fuhren wir zur Wächterstraße. Am Eingang wurde ich abgegeben und musste im Laufschritt, zwei bewaffnete Uniformierte hinter mir, in irgendeine Etage, einen langen Gang rein und bekam dann das Kommando: »Gesicht zur Wand! Bleib da stehen!« Neben mir stand ein Maschinenpistolenbewaffneter. Ich schaute gegen eine Bürowand. Es waren ziemlich alle Türen offen. An der Wand ein Abreißkalender mit jemandem, der eine rote Fahne hochhält, ein Arbeitersymbol mit einer Aufforderung zum zweiten Fünfjahrplan. Das Datum: 17. Juni. Für die Vopos in der Wächterstraße war am 17. Juni die Zeit stehen geblieben. Das ist mir aufgefallen, als ich dort stand. Ich hörte, wie im Nachbarraum ein Mann geschlagen wurde, der nicht gestand, irgendein Parteibüro in der Leipziger Vorstadt mit gestürmt zu haben. Ich bekam Angst, legte mir in Gedanken eine plausible Geschichte zurecht und wartete. Dann wurde ich reingerufen. »So, Jugendfreund, nun zu dir! Für welche amerikanische Nachrichtenagentur hast du gearbeitet? Welche amerikanische Spionageorganisation hat dir den Auftrag gegeben, Fotos zu machen in Leipzig? Du hast doch am 17. Juni fotografiert.« – »Nein, ich habe am 17. Juni nicht fotografiert.« – »Wir haben dich auf Fotos gesehen. Du hast am 17. Juni fotografiert.« – »Ja, aber nur so, ich wusste nicht, was da los war«. – »Wo sind die Filme?« – »Ja, die sind bei mir in der Wohnung. Die kann ich gleich holen, wohne hier in der Härtelstraße, ist gar nicht weit.« Mir wurden an der einen Hand Handschellen angelegt. Und mit zwei zivilen Beamten lief ich den Peterssteinweg lang in die Härtelstraße. Es waren fünf Minuten. Mit Haussuchung, ziemlich halbherzig, begann es. Meine Mutter war nicht zu Hause. Intensiv wühlten sie nur in meinem Zimmer meine Fotoutensilien durch. Dann beschlagnahmten sie den entwickelten Film, haben meine unentwickelten Filme mitgenommen und mit den Worten: »Komm, Bubi, zurück zur Wächterstraße.« auch mich. Durch die Straße lief wie ein Lauffeuer: »Romboys Großen haben sie verhaftet, wer weiß, ob der wiederkommt.«

Es ging zurück in die Wächterstraße, ich bekam wieder meinen Fotoapparat in die Hand, weil nur ich wusste, wie der geöffnet wurde. Da war ja auch ein Film drin. Den übergab ich und stand wieder ein oder zwei Stunden an der Wand. Dann erschien der Polizeifotograf wieder. Ich wurde dazu gerufen. Er brachte in der Hand drei oder vier nasse, glasklare Filme, auf denen nichts drauf war, und sagte: »Hier, der große Fotokünstler, Genosse!« Es war tatsächlich nichts drauf. Ich verteidigte meine Fotografenehre und habe erst viel später begriffen, dass dieser Polizeifotograf, offensichtlich wohlwollend, die Filme zuerst ins Fixierbad gesteckt hat und dann in den Entwickler, weil er Mitleid mit diesem 16-jährigen Bübchen hatte. Über den einen entwickelten Film habe ich bis auf den heutigen Tag noch das Beschlagnahmeprotokoll. Die unentwickelten Filme sind darauf nicht vermerkt, die spielten keine Rolle mehr. Man hat mich dann wieder einige Stunden stehen lassen. Einmal durfte ich mit einem Bewaffneten an meiner Seite bei geöffneter Tür die Toilette benutzen. Die ganze Nacht durch war Hektik auf der Etage. Und plötzlich sagte man mir: »Los reinkommen! So, du kannst jetzt nach Hause gehen. Aber du hörst noch von uns. Dich werden wir im Auge behalten.« Im Rausgehen meinte der VP-Kommissar zu mir: »He, willst du deinen Fotoapparat nicht mitnehmen?!« Und ich hatte meine längst verloren geglaubte Weltax wieder. So standen meine Weltax und ich im ersten Morgengrauen wieder in der Wächterstraße.

Elke Erb, Schriftstellerin, Jahrgang 1938,
war 1953 Schülerin in Halle.

»Der Faden der Geduld«

Elke Erb

Es war im Dezember 1949, als wir aus Westdeutschland kamen. Die Stadt war schwarz, dieses Halle. Ich wollte als Kind in die Stadt, weil wir auf dem Dorf gewohnt haben, ganz einsam. Immer dachte ich, es muss außer dem Dorf noch etwas anderes in der Welt geben. Es war eigentlich nichts als ein normaler Trieb in die weitere Zivilisation hinein. Meine Eltern sind hierher gekommen, weil sie Kommunisten waren, das heißt, sie waren Kommunisten vor der Nazizeit. Dann ist mein Vater Soldat geworden und stand zuletzt vor dem Kriegsgericht. Beim englischen Rundfunk hat er in der Kriegsgefangenschaft mit anderen Leuten, die später in der SPD prominent wurden, Antinazipropaganda gemacht. Seine Vorstellungen von einer idealen Gesellschaft waren sehr strikt, und er wollte dorthin, wo man seiner Meinung nach dieses Ideal aufbaute. Aber die Ulbricht-Clique startete ihren Machtkampf und verdrängte die Emigranten, die von anderswoher kamen und nicht aus ihrem sowjetischen Klub geprüft und gereinigt hervorgingen. Solche wie mein Vater waren schnell aus dem Spiel. Das war die Kummerstory von meinen Eltern. Meine Mutter muss in der Partei gewesen sein. Ich weiß, dass sie in die Parteileitung in Halle gegangen ist und gesagt hat: »Eure Partei steht mir bis hier« und das Parteibuch hingeschmissen hat. Meine Schwester sagt, es war der KPD-Ausweis. Die Eltern hätten damals Aufnahmeanträge gestellt, zweimal, die seien beide Male verschwunden.

Mein Vater wurde Lehrer. Das war die Möglichkeit des zweiten Weges. Dann passierten diese DDR-Storys. Er unterrichtete an der August-Herrmann-Francke-Oberschule in Halle. Es gab Spannungen mit seiner Direktorin, sie war eifersüchtig auf seine Resonanz bei den Schülern und seine Freundschaft mit einem Kollegen, auf den sie ein Auge gewor fen hatte. Sie bewirkte, dass das Lehrerkollegium in einer Abstimmung entschied, dass mein Vater ein englischer Agent sei. Kein gewöhnlicher, aber doch ein zeittypischer Vorgang. Die stalinistische Macht, auch die nachstalinistische, war wie »eine Plattform von hier bis Kamtschatka«, wie ich dachte und auch einmal geschrieben habe. Immerhin war mein Vater ein Verfolgter des Naziregimes, aber die Lehrer haben mit zwei Gegenstimmen entschieden, dass er ein englischer Agent sei. Das war so absurd, dass es diese Zeit bezeichnet, meine ich. Er bekam einen Nervenzusammenbruch und war lange krank. Dann wurde er Assistent am Institut für deutsche Geschichte, im Tschernyschewski-Haus, gegenüber der Moritzburg. In dem Gebäude habe ich auch nachher Slawistik studiert. Da war er unter einem aus der Sowjetunion zurückgekommenen Verfolgten des Nazisystems beschäftigt. Der hieß Stern, Leo Stern.

Wir waren der Meinung, die bauen jetzt hier den Sozialismus auf, und schluckten allen Dreck samt des uns befremdlichen Sächsisch, das die Hallenser sprachen und das die Sprache der Parteileute war. Es könnte sein, dass ich deswegen angefangen habe zu schreiben, denn in meinem Inneren war das Eifeler Platt und unser Hochdeutsch meine andere Sprache. Vielleicht habe ich innerlich umgesetzt oder umgetönt, was ich gehört habe, so dass mein Schreibanfang vorliterarisch motiviert ist.

Ich erinnere mich an eine Kinderzeichnung von mir, aus der 5. oder 6. Klasse: Zwei Kinder geben sich die Hand, hinweg über einen Strich, der wie eine Nabelschnur aussah, das sollte die Oder-Neiße-Grenze sein. Das Bild trat mir später wiederholt in Erinnerung. Ich dachte immer wieder, mit zwölf etwa: »Der Arbeiter muss dies, der Arbeiter muss das.« Erst viel später ist mir klar geworden, wieso das in meinen kindlichen Kopf kommen konnte. Das heißt, sie haben verstanden, mich zu programmieren für ihre Fragestellungen. Es muss, muss, muss … damit es besser wird.

Mein Vater bekam darüber Angina pectoris. Und wie gesagt, meine Mutter hat das Parteibuch hingeschmissen. Diesen Ausbruch von rheinischem Temperament rechne ich ihr hoch an. Sie hatten ja nichts anderes. Als Bürger waren sie aus der Bürgerklasse ausgestiegen, und dann hatten sie nichts mehr. Nur noch, was die Kommunisten immer »die Sache« genannt haben. Ich weiß, mein Vater hat eigentlich so lange, wie ich ihn gekannt habe, am Familientisch ewige Reden gehalten, immer wiederholte, über Stalin und Lenin und Trotzki. Er konnte nicht fassen, welche Entwicklung der Kommunismus genommen hatte. Mir ist erst hinterher vieles klar geworden, weil man als Kind so mitschwimmt, hat noch ganz andere Fragen ans Leben als diese politischen. Ich denke, dass er die Fakten nicht fassen konnte, die Unterdrückung, Verbannung und Ermordung der Intelligenz in all diesen Ländern, diese Lager, diese Stalinschen Prozesse. Und wer will auch zum Beispiel die Stalinschen Prozesse verstehen, wo die Angeklagten, hohe Parteimitglieder, beschuldigt wurden, mit den Feinden zusammengearbeitet zu haben, und das zugaben! Ich glaube nicht, dass es einfach ist, das erklärlich zu machen, so dass ich ihm eigentlich verzeihen muss.

Eigentlich waren diese politischen Geschichten vordringlich und schoben unsere eher harmlosen Jugenderinnerungen in den Hintergrund. Wir sind wirklich in einem politischen Turnsaal aufgewachsen, meine beiden Schwestern und ich.

Stalin war im März 1953 gestorben, und wir überlegten: Was kann man denn damit jetzt anfangen? Es war eher komisch für uns, wie die Pioniere da standen neben der Stalinbüste im Blumenbeet und Wache hielten. Dann kam der 17. Juni.

Als mein Vater an diesem Tag mittags nach Hause kam, erzählte er, dass junge Leute überall in der Stadt demonstrierten und auch in dieses burgähnliche Tschernitschewski-Haus hineinwollten. Die jungen Leute standen draußen und rüttelten an den Gittern des Eisentors. Er ist gegangen und hat sie weggeschickt, während seine Parteigenossen am Institut – er selbst war nicht in die Partei eingetreten – sich nicht sehen ließen.

Meine Mutter und ich, wir sind dann am Mittag des 17. Juni auf den Marktplatz gegangen, wo die große Versammlung war.

Kundgebung auf dem Hallenser Hallmarkt.

Wir wollten wenigstens etwas von dem sehen, was der Vater berichtet hatte. Und auf dem Marktplatz standen Demonstranten dicht gedrängt, Kopf an Kopf. Oben auf der Tribüne zog sich ein Volkspolizist schreiend und fuchtelnd seine Uniform aus: »Ich schieße nicht auf Deutsche«, rief er.

Dann geschah etwas, das in diesen Aufruhr nicht passte: Da kam so eine Wolke irgendwie verwelkter Kleinbürger, sagen wir mal, so Tabak- oder Schreibwarenhändler, nicht sehr frische Gestalten. Sie marschierten schräg über den Platz und sangen »Deutschland, Deutschland über alles«. Und ich dachte damals: Nein, also das nicht. Dann kamen Panzer um diesen großen Platz gefahren. Darauf saßen blutjunge Rotarmisten, Komsomolzen, bleich, erstarrt und geschockt. Das habe ich in Erinnerung. Sie taten mir leid.

Im Grunde ist die Geschichte meines Vaters viel eher eine Geschichte der Unterdrückung in der DDR als eine des Bekenntnisses zum Staat. Und damals, als sie meinen Vater zum Agenten ernannt haben, da wollten die Schüler eine Pro-

Panzer rollen auf den Hallmarkt.

testdemonstration machen. Das hat er abgelehnt, damit sich die Kinder nicht in Gefahr bringen.

Später habe ich, zusammenfassend für alle, verstanden, dass man das Modell der Aussage »hier wird der Sozialismus aufgebaut« im Kopf hat, wenn man sagt: »Das ist kein Sozialismus.« Damit war man von dem behaupteten Vorhaben eingefangen.

So eine Gramlinie war in uns. Ein zugedeckter ständiger Gram und hoffnungsloses Murren. Schon, weil es immer hieß, man sei ein Klassenfeind. Alle waren doch sehr schnell Klassenfeinde, nicht? Ich dachte, wie kommen die dazu, die sind´s doch selber. Wir hielten uns im Warten und Geduld-haben-müssen. Deswegen heißt mein zweites Buch »Der Faden der Geduld«. Das war dann aber schon Spott sozusagen. Allerdings dachte ich auch ein bisschen, wirklich ein bisschen, man muss warten können, ob eine Sache was wird oder nicht.

Doch auch das Studium war nicht in der Lage, in uns etwas zu produzieren. Ich habe das mal »komplex anzapfende Unterforderung« genannt. Wir hatten Studienfächer, wie Marxismus-Leninismus, Sport usw., aber auch Psychologie und Pädagogik. Aber wir haben das Germanistik-Studium absolviert und wussten nicht, was ein Gedicht ist. Es war eine wirklich total unproduktive Sache, auf alle Fälle in ideologischer Hinsicht. Dieser Staat wollte mit einer Lehre, die auf der Höhe der Mitte des 19. Jahrhunderts war, irgendwelche eigenen Höhen ersteigen. Ohne sie produktiv zu ändern, erhob er sie zum Dogma.

Und dann gab es natürlich welche, die in die Partei eintraten. Die haben wir als Verräter angesehen. Die galten nicht, wir konnten sie nicht achten. Es galt bereits in meiner Studienzeit unter uns eine allgemeine Verachtung des Regimes, woraus sich übrigens auch eine gewisse Autonomie auf unserer Seite ergab. Ich weiß noch, dass speziell um 1953 so ein Trostweglein schimmerte mit dem Satz, dass der Grotewohl ja immerhin gemalt habe. Denn eigentlich war die gesamte Regierung in unseren Augen etwas hoffnungslos Ungebildetes und auch kaum bildungsfähig.

Nach meinem Germanistik-Studium ging ich zum Mitteldeutschen Verlag in Halle. Der Kommentar meines Vaters dazu: »Was willst du denn da, das ist die Höhle des Löwen, das ist ein Parteiverlag.« Zwei Jahre habe ich da gearbeitet. Erst als Absolventin mit allen Stufen in den verschiedenen Abteilungen. Dabei versuchte ich, mit meinem Anfängerverstand etwas zurechtzurücken. Ständig wurden Rechenschaftsberichte über die Arbeit mit den Autoren und den Manuskripten verlangt. Und dann habe ich sie beschimpft, weil die Berichte nichts taugten, ihre professionelle Unfähigkeit bewiesen. Nach dem ersten Jahr landete ich in der Nervenklinik und nach dem zweiten Jahr wieder. Da hätte der Arzt mich tatsächlich invalid geschrieben, meinte aber, das werde mir im Wege stehen. Also wurde ich freischaffend und hatte meine eigene Arbeit. Die war wirklich produktiv und hielt mich zusammen.

Wir, damit meine ich eine Gruppe von Literaten, vorrangig Lyriker, die so genannte sächsische Dichterschule, zu der ich später stieß, haben eigentlich bald versucht, Kontertexte zu machen, in denen wir nachwiesen, wie etwas mit Vernunft aufgebaut werden kann. Wir haben ziemlich grundsätzlich im Text gearbeitet, weil wir meinten, das, was da gemacht wird, ist Flickwerk, das stimmt nicht, das kann doch niemand verantworten und wird auch niemand verantworten. Das ist wohl eine Systemfrage, ob jemand dumm sein muss oder etwas klüger sein darf, glaube ich. Wir waren einem trostlosen Dilemma ausgesetzt, in dem es wenig zu lachen gab. Wenn wir uns trafen, diese »Sächsische Dichtergruppe« – das war übrigens ein von Endler erfundener Name – habe ich in Erinnerung, dass wir immer lachten. Wir lachten über dies, wir belachten das. Wir lachten uns frei. Es war kein Jux, es war etwas anderes.

Eigentlich sind wir Lords gewesen und innerlich ziemlich unabhängig, ich weiß nicht, wie man das nennen soll. Und eigentlich: Angst hatten wir auch nicht. Dazu war die Aufgabe zu sehr in uns drin. Außerdem wollten wir auch aus dem Sprachgefängnis raus, womit nicht das politische gemeint ist. Wir versuchten dann schon, Manuskripte über die Grenze zu schmuggeln, und zwar ziemlich rege. Vor allem wegen der jungen Autoren, die nach uns kamen, riefen wir immer drei prominente Autoren zu Hilfe: Christa Wolf, Stephan Hermlin und Franz Fühmann. Das musste sein, denn wir selbst waren auf Grund unserer oppositionellen Haltung an den Rand gedrückt und konnten nichts machen. Die Nachfolgenden, die jungen, die diese Schulung nicht bekommen hatten und diese Performance nicht erlitten hatten, gerieten immer wieder in Schwierigkeiten mit der Polizei.

Wir, unsere Dichter-Gruppe, waren so in der textlichen Auseinandersetzung, dass es nicht nötig war, jemandem politische Illusionen zu nehmen. Es war so, dass wir Mut hatten, Mut entwickelten und Mut oder Leistung beobachteten im Schreiben. Es gibt Aussagen darüber, wie der eine am Fenster des anderen vorbeigeht und es ihn bestärkt, dass er ihn arbeiten sieht. Der sitzt und arbeitet, und das bestärkt ihn, nämlich in seinem eigenen Aufbau von etwas in einer Gesellschaft, die angeblich aufbauen wollte und es nicht konnte. Im Text haben wir das Gegenmodell geschaffen. So entkamen wir ihnen.

Es ging darum, diese ganze Geschichte zu begreifen. Und das war uns wiederum verschlossen, weil die sich ja überhaupt nicht reingucken ließen und mit zusätzlichen Verschlussmethoden arbeiteten. Ich weiß das von einer Freundin, die bei Reclam Leipzig arbeitete und erzählte, wenn man zum Chef will, dann muss man das vorher einreichen. Da war etwas überspitzt im Absicherungswesen. Ich nannte das Bürokratenidyllisierung.

Eigentlich war diese gesamte Republikzeit ein Verhindern. Immer wieder gab es so richtige Negativphasen, wo die Leute einfach nur noch schimpften. Die Verkäuferinnen beispielsweise antworteten unfreundlich und mufflig. Die Leute konnten wie eine Zyste, die prall mit Ärger gefüllt ist, platzen und etwas krass Hässliches zu einem sagen. Das war dann schon ein allgemeiner Vorgang, an dem man gewisse Zeichen des Ablaufs ablesen konnte.

Einmal hat mir ein alter Kommunist, der übrigens wie mein Vater aus dem Westen gekommen war, während einer Fußballübertragung im Fernsehen gesagt: »Der Gegner bestimmt das Spiel.« Und das war für mich ein grundsätzlicher Satz, eigentlich von ihm auch nicht einfach nur auf das Fußballspiel hin geäußert. Davon wollte ich mich frei machen.

Am Händel-Denkmal auf dem Markt von Halle:
„Spitzbart, Bauch und Brille (Ulbricht, Pieck und Grotewohl)
sind nicht des Volkes Wille".

Prof. Dr. Claus-E. Bärsch, Rechtsanwalt,
lehrt jetzt Politische Theorie und Ideengeschichte an der Universität Duisburg,
Jahrgang 1939, war 1953 Schüler.

»Es hat mich einfach gezogen.«

Claus-E. Bärsch

Ich bin auf dem Lande groß geworden, in Bergsulza, und dann bis 1949 in Schwerstedt bei Weimar, das liegt nördlich des Ettersberges und damit nahe des Konzentrationslagers Buchenwald. So habe ich zunächst – und daran kann ich mich gut erinnern – den Einmarsch der Amerikaner in Thüringen erlebt. Sie kamen mit Panzern sowie Autos und verteilten Schokolade an die Kinder. Dann kamen mit Pferdewagen die so genannten Russen, doch es waren Asiaten dabei, also musste es eigentlich Sowjetmenschen heißen. Aber Russen nannte man die Soldaten halt. Auf dem Gutshof, mein Vater war als Gutsverwalter tätig, brannte es. Die Russen brieten Schweine und Kälber. Frauen schrien. Alle hatten Angst. Eine Zeit später habe ich erlebt, dass mein Vater zweimal von den Russen »abgeholt« wurde. Die Rote Armee hatte das KZ Buchenwald sofort umfunktioniert. Das erste Mal wurde mein Vater wieder freigelassen. Nach der zweiten Verhaftung ist er nie wieder gekommen. Von seinem Schicksal hat meine Mutter erst 1968 etwas erfahren. Nach dem Schreiben einer sowjetischen Organisation soll er 1949 in der UdSSR gestorben sein.

Die Zeit nach der Verhaftung meines Vaters war schrecklich. Wir – meine damals noch junge Mutter und meine zwei jüngeren Geschwister – mussten ausziehen. Wir lebten in einem Raum, der mir als Loch vorkam. Ich hatte das Gefühl der Ohnmacht und Schutzlosigkeit. Eine Zeit lang hatte ich das alles verdrängt oder unterdrückt. Aber die Erlebnisse damals haben meine Haltung gegenüber der Macht und den Mächtigen dieser Welt – wie auch immer im Einzelfall zu bewerten – beeinflusst.

1949 sind wir zu den Eltern meiner Mutter nach Leipzig gezogen. Mein Vater kam aus einer bäuerlichen Familie. Meine Mutter hingegen ist großbürgerlicher Herkunft. Nach dem Krieg wurden aus deren Ziegelei und der Firma für Gießereihilfsstoffe halbstaatliche Betriebe. Die Großeltern hatten eine schöne Villa in der Lenaustraße, eine Köchin und einen Chauffeur. Oft dachte ich mir: Mein Großvater war und ist immer noch ein Kapitalist, und mein Vater, der kleine Gutsverwalter, ist von Sowjetmenschen einfach, keiner wusste warum, »abgeholt« worden. Das verstand ich nicht, und ich war gegen das System der DDR.

Aber ich verhielt mich auch angepasst. Ich war zwar in der christlichen Jungen Gemeinde, aber eben auch bei den »Jungen Pionieren«. Meine aggressiv-pubertären Gefühle tobte ich eine zeitlang in einer Halbstarkenbande aus. Das war vor und nach dem 17. Juni. Was wir alles anstellten, möchte ich hier nicht erzählen. Natürlich waren wir alle gegen den Staat und seine Organe. Zur Oberschule wurde ich zunächst nicht zugelassen. Dann kam der 17. Juni.

Heutzutage muss man vielleicht vorausschicken, dass wir damals schon früh politisch wurden, allein durch die staatssozialistische Propaganda in der Grundschule, das Hinweisen auf den Fortschritt durch den Sozialismus in allen Unterrichtsfächern. Aber auch zu Hause wurde viel über Politik geredet. Mein Großvater hörte immer Westsender, vornehmlich die Nachrichten von RIAS Berlin; wir hörten sie oft gemeinsam. Mein Großvater verwickelte mich in Gespräche, fragte mich dies und jenes und antwortete auf meine Fragen.

Dass am 16. Juni in Berlin gestreikt wurde, wurde schnell herumerzählt. Am 17. Juni war kein Unterricht. Mittags hörte ich allein die Nachrichten vom RIAS. Kurz darauf ging draußen ein Pfiff. Es war der besondere Pfiff der Halbstarkenbande. Vor dem Haus stand Micha, der rief: »Bei Bleicherts wird gestreikt, die demonstrieren. Komm mit!« Meine Mutter schrie mir noch hinterher: »Du bleibst hier!«, aber ich bin losgerannt, war nicht zu halten. Wenn Sie mich heute fragen: Warum? Aus Neugierde, Abenteuerlust und der Sorge etwas zu verpassen, nämlich beim Protest dabei zu sein. Ich habe damals und lange Zeit später darüber nicht nachgedacht. Es hat mich einfach gezogen. Als

Demonstranten vorm Leipziger Konsum-Kaufhaus.

wir bei der Fabrik ankamen, strömten die Arbeiter massenweise aus dem Tor. Die Fabrik spuckte sie regelrecht aus. Wir haben uns eingereiht. Ich war fasziniert.

Die Arbeiter trugen Transparente. An einen Spruch, der laut skandiert wurde, erinnere ich mich sehr gut, auch weil ich ihn später gern zitiert habe: »Spitzbart, Bauch und Brille (Ulbricht, Pieck und Grotewohl) sind nicht des Volkes Wille.« Dann musste eine Straßenbahn der Linie 24 unseretwegen halten. Alle sollten raus. Das war ein Triumph! Einer stand darin, den wir kannten: der Sohn eines Funktionärs. Wir hielten ihn deshalb für einen Spitzel. Wir schrien: »Auch du! Komm raus!« Dann sind wir mit den Arbeitern weiter mit marschiert. Richtung Innenstadt an der Straßenbahnlinie entlang. Nachdem die Georg-Schumann-Straße überquert wurde, geschah etwas Eigenartiges. Rechts stand ein FDJ-Haus. Daran hing ein großes Bild von Honecker, ja Honecker, nicht Ulbricht. Das wurde heruntergerissen. Ein Arbeiter pinkelte darauf unter dem Gejohle der Menge. Ich war dann doch schockiert. Nicht, dass ich prüde war, in unserer Bande passierte so allerhand. Aber das ging mir zu weit. Etwas später bogen wir nach links ab und gingen an einem Gebäude mit einer langen Mauer vorbei, vor der russische Soldaten standen. Was tun? Die Arbeiter stimmten die »Internationale« an. Die Russen grüßten freundlich zurück. Das Volk ist schlau, dachte ich mir. Weiter ging's, am Bahnhof vorbei, auf den Brühl, zur Hainstraße. Aus vielen Häusern flogen Akten bzw. Papier. Das Konsum-Kaufhaus war von einer Masse umringt. Ein Ehepaar, das noch die Parteiabzeichen trug, wurde festgehalten und beschimpft: »Nehmt das ›Bonbon‹ runter!« Der Mann wehrte sich, die Frau stand geduckt hinter ihm. Es ging hin und her. Schließlich trat eine Frau aus der Masse hervor und riss ihnen die Parteiabzeichen ab. Erst war ich verunsichert, dann aber freute ich mich doch.

Die Furcht vor der Staatsgewalt und die Angst vor Spitzeln war weg. Ein Gefühl der Stärke stieg in mir auf. Ich lief weiter, weiter mit der Menge, wie die Kinder in der Geschichte über den Rattenfänger von Hameln. Und dann fand ich mich vor dem Gefängnis in der Beethovenstraße wieder. Das sehe ich heute noch wie einen Film. Auch hier waren meine Gefühle gemischt. Ich stand abseits. Das Gefängnis sollte gestürmt werden. Waren die Demonstranten direkt vor dem Tor, knüppelte die Volkspolizei. Kletterte jemand die Wand hoch, wurde ihm von oben auf die Finger geschlagen. Dann kam ein neuer Anlauf. Die hoffnungsvolle Erwartung, dass das Gefängnis gestürmt werden würde, wich dem Bedenken, ob das wohl gut geht. Vielleicht, weil ich ein Feigling bin oder schlau war, dachte ich an meine Mutter. Die sitzt jetzt zu Hause und weiß nicht, was mit mir geschieht. Ich sagte mir: Ich verziehe mich, hier haue ich ab.

Den Weg zurück nahm ich nicht durch die Innenstadt, sondern in einem Bogen über das Rosental. Gerade dort angekommen, hörte ich im Hintergrund immer deutlicher ein Rattern. Mir war sofort klar: Das sind Panzer. Dumpf grollend kamen sie näher. Ich rannte in den Park hinein, bis zu einem Bahndamm. Dann bin ich geschlichen. Den Damm entlang, dann an

Kleingärten vorbei. Am Rand von Gohlis angekommen, immer noch voller Angst, bin ich vorsichtig durch fast leere Straßen nach Hause gegangen. Als ich ankam erhielt ich keine Vorwürfe. Man war froh, dass ich unversehrt wieder da war.

Sie fragen, ob nach dem 17. Juni über die Ereignisse gesprochen wurde: Kurze Zeit danach und dann nur selten, selbstverständlich nur im privaten Bereich. Das Leben ging, wie man so schön sagt, weiter. Ich erhielt dann doch einen Platz an einer Oberschule. Alltag. Ich passte mich an. Ging übrigens gern in die Schule. War glücklich oder unglücklich verliebt, verehrte einige Lehrer, andere hasste ich. Neben allen Freuden des jugendlichen Daseins hatte ich stets das Gefühl einer mal stärkeren, mal schwächeren Bedrückung, deren Ursachen mir nicht bewusst waren. Mein Motto damals war: Ich bin dafür, dass wir dagegen sind, und wenn alle dagegen sind, dann sind wir eben dafür. So stürzte ich mich in Vergnügungen oder lernte eifrig. Die Erinnerung an den 17. Juni verblasste.

Wurde im Osten, wenn überhaupt, nur privat über den 17. Juni gesprochen, war es im Westen, vereinfachend gesagt, gerade umgekehrt. Nachdem ich nach dem Abitur zum Studium nicht zugelassen wurde, haute ich ab. Ich verließ Familie und Staat und ging – »machte rüber« – nach dem Westen. Dort war der 17. Juni ein Staatstrauertag. Die politische Rechte benutzte den 17. Juni für ihre nationalistischen Interessen. Die Linken wollten nicht wahrhaben, dass Arbeiter gegen den Sozialismus revoltierten. Nach 1968 wurde die Einstellung aller Schichten zu dem staatlich verordneten Feiertag immer gleichgültiger, er wurde – Freiheit als Freizeit – für private Interessen genutzt.

Als er durch die Initiative der Regierung nach 1990 abgeschafft wurde, protestierte niemand. Weder das Proletariat, die Gewerkschaften, die SPD, noch die wiedererstarkten nationalen Kreise oder gar die öffentliche Meinung. Nun war ja die Vereinigung tatsächlich ein überwältigendes und glückliches Ereignis. Aber musste der 17. Juni als Feiertag, als Tag der Einheit, wie es in der alten Bundesrepublik offiziell hieß, durch

Sowjetische Panzer vor dem Leipziger Alten Rathaus, links der brennende Pavillon der »Nationalen Front«

den 3. Oktober ersetzt werden? Man könnte nun entgegnen, das haben eben die »Wessis« zu verantworten. Indes fürchte ich, dass das Vergessen nicht nur die »Wessis« betrifft.

Deshalb muss ich an dieser Stelle etwas über eine Jubiläumsfeier vom 17. bis 19. Juni 2002 an meiner Penne, der Leibnizschule, berichten. Es gab »Expertenrunden, Sommerparty, Gala-Abende, musische und sportliche Wettbewerbe, Festakte und Auszeichnungen der nicht nur in Sachen Unterricht erfolgreichen Schüler und Lehrer«, so war es in der »Leipziger Volkszeitung« zu lesen. Kein Wort über den 17. Juni 1953. Doch es fand unter sehr vielen Doppelstunden zu verschiedensten Themen auch eine, übrigens von mir gehaltene, zum 17. Juni statt. Dazu kamen pro Stunde acht oder neun Schüler im Alter von fünfzehn oder sechzehn Jahren. Und keiner wusste, was am 17. Juni 1953 geschehen war.

Der brennende Propaganda-Pavillon der „Nationalen Front" am Leipziger Markt.

Prof. Sighard Gille, Maler, Jahrgang 1941, war 1953 Schüler.

»Über die Kunst wollte man etwas loswerden.«
Sighard Gille

An den Nachmittagen, manchmal schon früher, habe ich meine Touren durch die Auenlandschaft von Eilenburg gemacht. Oft bin ich auf dem Damm am Mühlgraben entlanggelaufen. Hier war ich allein mit mir, musste nicht reden. Ich war ein ziemlicher Einzelgänger.

Zu Hause, in unserer Wohnung im Schlossgarten, hatten wir Einquartierungen nach dem Krieg. Meine Nichten und Neffen, das waren sechs Kinder, wohnten mit ihrer Mutter zusammen bei uns. Und meine Oma war auch noch da. Es gab keinen ruhigen Platz. Gegen die Kinderbande konnte ich mich nicht wehren. Trotzdem bin ich im Grunde wie ein Einzelkind aufgewachsen, denn alle, die um mich herum lebten, waren viel älter und meine Schwestern wohnten schon nicht mehr zu Hause. Ich glaube, ich war etwas komisch als Kind. Habe auch niemanden gegrüßt und so. Die Leute dachten sicher, der ist ein bisschen bescheuert, weil ich mich ihnen gegenüber so seltsam verhalten habe.

Irgendwann hatte ich dann einen Einerkajak und bin mit meinem Freund Frank Engel auf der Mulde und dem Mühlgraben rumgekurvt. Auf dem Wasser fühlten wir uns frei. Die Ufer waren noch nicht so begradigt und wunderbar zum Spielen. Das genoss ich und empfand die Schwere der Nachkriegsjahre vergleichsweise wenig. Viel unangenehmer war mir der Ärger mit den anderen Kindern, die mich gelegentlich als Sonderling behandelten. Dann aber spielten wir wieder zusammen in den Trümmerlandschaften und sammelten diese Splitter, die Granatsplitter. Wer die schönsten und die größten hatte, der war am angesehensten. Das war ziemlich aufregend. Alles erinnerte noch deutlich an den Krieg. Und gelegentlich redete mein Vater auch davon.

Einmal, nach einem Bombenangriff, als wir aus unserem Luftschutzkeller kamen – ein früherer Weinkeller im Berg drin –

zeigte mir mein Vater die große Kattunfabrik unten in der Stadt. Die brannte lichterloh. Das muss so 1945 gewesen sein. Diese Erinnerung hat sich eingeprägt. Und da lagen Soldaten in der Aschengrube, die noch am Leben waren, wenn ich mich recht entsinne.

In eben diesem Berg mit dem ehemaligen Luftschutzkeller, dort, wo es zur Sorbenburg hoch geht, haben wir uns Höhlen gebaut und Buden. Ab und zu gab es Kämpfe zwischen den Kindern vom Berg und der Stadt. Wir hatten ja erlebt, wie die Russen und die Amerikaner Eilenburg von beiden Seiten beschossen haben. Die Eilenburger waren so idiotisch und hatten sich nicht ergeben. Noch heute scheint mir die Stadt kleinkariert, da hat sich über die Jahre kaum etwas geändert.

Kurz nach meinem Diplom bekam ich von der Stadt einen Auftrag, den sie auch bezahlte. Gedacht war das Bild für einen Jugendklub am Bahnhof. Es heißt »Wessen Morgen ist der Morgen«, ich hatte über die Weltfestspiele in Berlin reflektiert. Das Bild hat mir ziemlich viel Mühe gemacht. Aber dann wurde es nicht hingehängt, sondern einfach mit dem Gesicht zur Wand irgendwo abgestellt. Es war ihnen nicht politisch genug. Da war keine Friedenstaube drauf, auch kein Karl Marx. Und ohne ging es in Eilenburg in jener Zeit nicht. Die wollten knallhart linientreu sein, hundertprozentig der Linie der Deutschen Demokratischen Republik verpflichtet. Und dieses Klischee habe ich eigentlich nie bedient. Irgendwann hat das Bild der Kustos Rainer Behrens nach Leipzig geholt. Seitdem gehört es der Universität.

Wie sie damals mit meinem Bild umgegangen sind, ist haften geblieben, während ich andere Dinge vollkommen verdrängt oder vergessen habe. Den Beginn der fünfziger Jahre beispielsweise. Für politische Dinge hatte ich zu dieser Zeit anscheinend überhaupt noch keinen Sensus. Ich kann mich nicht entsinnen, dass mich da irgend etwas wirklich beeindruckt hätte. Keine Ahnung von politischen Problemen. Irgendwie soll sich ja im Alter noch etwas tun mit den Erinnerungen, aber wahrscheinlich bin ich noch nicht alt genug dafür.

Die Fünfziger verbinde ich überwiegend mit dem Druck der Schule. Die hat mir immer Schwierigkeiten gemacht. Ich bin sehr ungern hingegangen und musste dann auch noch das Abitur bestehen, obwohl ich wirklich lieber abgegangen wäre und Tischler gelernt hätte. Doch ich war ziemlich folgsam. Also ging ich zur Oberschule. Immer wieder hat sich meine Mutter um die Lernerei bemüht. Das war rührend, aber scheußlich. Die ganze Schule war scheußlich. Es hat mir dort nie gefallen. Und ich hatte ständig Angst, dass ich drankomme und etwas nicht weiß. Ich war eher introvertiert, verschlossen, bloß nichts sagen müssen in der Öffentlichkeit. Eigentlich bin ich auch deswegen Maler geworden, weil ich so ungern rede.

Damals war ich mitten in der Pubertät. Das war für mich wesentlich aufregender als alles andere. Ich war nicht aufgeklärt und habe ziemlich gelitten, weil ich dachte, ich sei schwer krank. Zwei Jahre lebte ich in höchsten Ängsten, bis ich dann mitbekommen habe, was das eigentlich war. Mit 16 haben mir meine Eltern ein Buch in die Hand gedrückt, ein Aufklärungsbuch. Das war vier Jahre zu spät. Na ja, das war eigentlich für mich das Wichtigste in dieser Zeit und nicht so sehr die politischen Geschichten. Zumal meine Eltern in allen Äußerungen sehr vorsichtig waren. Meine Mutter allerdings hatte keine Angst, obwohl sie und der Vater schon Nationalsozialisten gewesen waren. Man kann da nicht drumherum reden, wenn man meinen Vornamen kennt. Meine Schwestern haben auch so schöne Namen: Almuth, die älteste, die mittlere heißt Hedda und die jüngste Freia.

Über die Nazizeit wurde also nicht gesprochen. Ich musste mühsam aus dem, was meine Mutter erzählte, die Geschichte meiner Eltern herausklamüsern. Meine Mutter war wohl immer ambivalent gegenüber Hitler eingestellt, schon weil er Vegetarier war! Zu Hause lebten wir sehr gesund, die Fleischmarken wurden immer gegen Quark und Milch umgetauscht.

Auch später konnte man mit meiner Mutter nur schwer über ihre damalige Einstellung reden. Viele von ihren Gedanken und Überlegungen hat sie aufgeschrieben, Politisches dabei vermieden, immer nur Familie. Oft habe ich ihre Stimme bewundert, sie hat sehr gut gesungen und hätte wahrscheinlich auch einiges erreichen können. Aber unter Hitler war eben Familie angesagt. Ihr war die Rolle als Hausfrau und Mutter heilig, trotz ihrer vielfältigen Fähigkeiten. Sie hatte sich zur Lehrerin ausbilden lassen, aber nie unterrichtet. Ich habe das immer bedauert. Ja, und mein Vater hat, als er arbeitslos war nach dem Krieg, ein bisschen dilettierend gemalt: kleine Blumenbildchen, die er dann verkaufte, um etwas Geld reinzukriegen. Kurz nach dem Krieg, das war 1947, hat er sich an einer großen Kreissäge die Finger der linken Hand beim Holz machen abgesägt. Er musste die großen Baumstücke rüberreichen und hatte dann wahrscheinlich keine Kraft mehr, um sie richtig zu halten. Ich war dabei und kann heute noch keine Kreissäge hören. Das war schon eine ziemlich harte Zeit. Mit meiner Mutter bin ich über Land sozusagen betteln gefahren. Das heißt, wir haben irgendwelches Besteck mitgenommen, versilbertes oder vielleicht war es auch Silber, und haben versucht, das gegen Lebensmittel zu tauschen. Im Winter füllte ich kleine Fläschchen, homöopathische Medizinfläschchen, voll heißes Wasser und steckte sie in die Hosentaschen, um meine Hände daran zu wärmen.

Später dann hat mein Vater trotz der fehlenden Finger in einer Tischlerei gearbeitet. Auch hat er sein geliebtes Klavierspielen nicht aufgegeben und eisern mit der kaputten Hand trainiert. Das war Anfang der Fünfziger. Um diese Zeit musste ich zu den Pionieren – ein komischer Verein. Keine Ahnung, was so richtig um mich herum los war, auch nicht am 17. Juni.

Das Hochwasser ein Jahr später, also 1954, war viel aufregender für mich als der 17. Juni.

Ich hatte die russischen Panzer nicht kommen sehen. Dann aber stand einer auf dem Markt, unheimlich und irgendwie gruselig. Der Reiz, dass man ein bisschen näher an ihn ranwollte und gucken, der war schon da. In der Schule wurde verkündet, dass Eilenburger streikten. Aber wir hatten uns getäuscht, der Unterricht fiel deshalb nicht aus. Zu Hause redete man nicht über diesen Tag.

Mein Vater war in der LDPD. Später hat er mich auch dort angemeldet. Schließlich wollte ich zum Studium, wollte Malerei studieren. Das war nicht so einfach. Und in Eilenburg hatte man mir auch nichts davon geflüstert, wie schwierig es ist, einen Studienplatz zu bekommen. Ich dachte, es geht wie bei jedem anderen Studium, man meldet sich an und los geht`s. Aber denkste, ich wurde abgelehnt. Meine Eltern sorgten sich und drängten, dass ich nach dem Abitur studiere. Allerdings war mein Vater gegen ein Kunststudium. Und wie gesagt, ich war Spätentwickler und nach außen wirkte ich folgsam. Da habe ich in Berlin an der Humboldt-Universität angefangen, Landwirtschaft zu studieren Das erste Jahr waren wir zu einem Praktikum auf dem Land in Axien an der Elbe. Das hat mir nicht geschadet, obwohl es zum Teil schwere körperliche Arbeit war – so eine Art Armeeersatz, denn meinen Jahrgang hatten sie vergessen einzuberufen. Aber doch angenehmer, weil wir in einem Studentenheim wohnten. Und sonnabends gab's Theorie. Ansonsten hatte man alles zu machen, was in der Landwirtschaft anfiel, vom Melken bis zum Ausmisten und Mähdrescher fahren. Eine Karriere als LPG-Vorsitzender schwebte mir allerdings nicht vor. Also ich bin dann einfach weg. So ohne weiteres ging das jedoch nicht. Ich musste mich exmatrikulieren lassen, irgendeinen Grund vorgeben und sagte, dass ich Pädagogik studieren wollte. Von der Landwirtschaft kam ich dadurch los, beim Lehrerstudium habe ich mich natürlich nicht gemeldet. Arbeiten war angesagt, und zwar in den verschiedensten Leipziger Betrieben, vor allen Dingen in der Fotobranche. Mein Vater fotografierte als Laie sehr gut, hatte eine Rolleiflex, so eine 6 x 6-Kamera. So war ich schon ein bisschen vorgeprägt, und es fiel mir leicht, da einzusteigen und etwas Zeit zu überbrücken. Meine Abende verbrachte ich meist malend mit meinen Freunden, die auch Kunst studieren wollten, bis es dann fünf Jahre später klappte und ich Malerei studieren konnte.

Erwähnenswert sind vielleicht meine Reisen zu meinen drei Cousinen nach Westberlin. Darüber hinaus zogen mich natürlich auch die Extreme dieser Stadt an. Nach dem Mauerbau machte ich mit einem Kumpel einen »Fluchtversuch« in die Österreichische Botschaft in Prag. Wir wurden wieder hinauskomplimentiert, fuhren dann brav mit dem Betriebsbus zurück, denn wir waren auf Exkursion mit der PGH Pastell.

Einige Zeit zuvor hatte mich ja mein Vater in der LDPD angemeldet. Dagegen gab es meinerseits keinen Einwand, aber ich habe mich dort kaum blicken lassen, war also so ein passives Mitglied. Später war ich an der Hochschule Assistent, und wir jungen Kollegen waren alle nicht in der SED. Es gab eine große Werbekampagne, damit wir alle in die SED eintreten. Wir wurden unheimlich voll gefüllt mit Essen und Trinken und sollten dann um Aufnahme in die Partei bitten, um besser an Veränderungen mitwirken zu können. Nur bei zweien hat es geklappt, das war kein Erfolg! Ich bin in der Folge aus der LDPD ausgetreten und parteilos geblieben.

In der DDR waren wir alle irgendwie politischer, wegen des Drucks, der persönlich auf einem lastete. Man hatte ständig Ärger und oft dieses dumpfe Gefühl, beobachtet und durchgecheckt zu werden. Insofern wollte man etwas loswerden über die Kunst. Es gab keinen anderen Weg und kein Forum, wo man sich hätte Luft machen können. Das geschah über die Literatur, Theater und über die Malerei, auch über andere künstlerische Äußerungen. So wurde man den eigenen Frust los und konnte gleichzeitig Kontakt zum Publikum aufnehmen, also zu den Rezipienten. Die Dresdner Kunstausstellungen haben das immer bewiesen. Obwohl da am wenigsten über Kunst geredet wurde. Meist waren es politische Themen oder moralische, wie mit meiner *Brigadefeier* damals. Da ging es nicht um das Bild, sondern um moralische Kategorien: Darf ein Arbeiter so feiern? Das war in der Zeit ein Tabuthema, durfte nicht so dargestellt werden. Kaum, dass sie zugegeben haben, mal einen draufzumachen, mal zu saufen oder so – aber das zu malen, um Gottes Willen!

Ich war kein Dissident, es war ein ganz normales Pokerspiel mit der Macht. Hatte man den Bogen überzogen, dann hatte man eben Pech. Ich wollte den Staat melken, wenn es um Aufträge ging, ohne mich zu verbiegen. Das Gegenbürsten ist Basis für alle Kunst.

Sicherlich waren die Funktionäre froh, wenn über einen Ankauf aus der Bundesrepublik manches Bild von hier verschwand. Ich habe damals die Plastik *Besorger* gemacht, eine typische DDR-Figur. Der Westen kannte diesen Begriff nicht. Dort versteht man etwas ganz anderes darunter. Aber der *Besorger* mit dem Autoreifen, das war eine DDR-Figur. Und der hätte eigentlich hier bleiben müssen. Natürlich kaufte ihn Peter Ludwig, und weg war er aus der DDR. Die Installation *Gesellschaft mit Wächter* war auch so eine Geschichte. In Dresden bekam ich Schwierigkeiten, wurde abgelehnt, obwohl die Installation von der Jury schon angenommen war. Aber einen Tag vor Eröffnung der Kunstausstellung machte die Obrigkeit nochmals einen Rundgang. Da wurden politisch unliebsame Sachen rausgepickt. Auch *Gesellschaft mit Wächter* war dabei. Auf dem Bild war eine Gesellschaft, die alles Mögliche machte, auch Musik usw. Vor dem Bild stand lebensgroß eine martialische Figur aus Gips, mit Gummistiefeln und schwarzem Anzug. Na ja, es war wohl mehr ein Arbeitsanzug. Da wurde mir vorgeworfen, die sehe aus wie ein SS-Typ. Ich hätte mit der Installation etwas gegen die Staatssicherheit und gegen unsere Volksarmee in Szene gesetzt und sollte die Figur, den Wächter, wegnehmen, das Bild, die Gesellschaft, aber dort belassen. Das ging natürlich nicht, weil beides zusammen geplant war. So wurden Figur und Bild rausgenommen. Und einen Tag später kam dann Peter Ludwig und hat das Bild angekauft. Er hatte auf die schwarze Liste gesehen, meinen Namen gelesen und unbesehen das Ding gekauft. Damit war auch das draußen aus der DDR.

Auf bestimmte Weise konnte man sich widersetzen. Es mussten nicht alle unbedingt alles mitmachen. Das war jedoch oft problematisch und häufig mit Konsequenzen verbunden. In meinen Stasiakten konnte ich seitenlang meine Telefongespräche nachlesen. Sinnlos. Das Schlimmste in der Zone war das ewige Mittelmaß, das Eingesperrtsein, die Indoktrination und letztlich, daraus resultierend, die Schere im eigenen Kopf.

Heute ist es noch immer so, dass ich über Kunstmittel etwas »loswerden« möchte. Man darf allerdings keine Resonanz erwarten. Meine öffentliche Kunstvernichtungsaktion (Entsorgung der Jahrtausendschwelle) im Sommer 2002 während der Eröffnungszeremonie der Ausstellung »Klopfzeichen« in Leipzig fand beispielsweise keine Erwähnung in der Presse. Stand ja auch nicht im Programm ... Ich bleibe bei der Malerei ...

Prof. Klaus Staeck, Plakatkünstler,
Jahrgang 1938, besuchte 1953 die Oberschule in Bitterfeld.

Selbstrettung oder früher Widerstand?

Klaus Staeck

Bitterfeld war eines der Zentren, in dem am 17. Juni die Arbeiter tatsächlich in ihrer Arbeitskluft losmarschiert sind. Vom Elektrochemischen Kombinat aus zogen sie durch die Stadt, vorbei an dem Laden meiner Mutter. Sie war eine resolute Frau. Ohne zu zögern schloss sie ihr Geschäft und hat sich der Demonstration angeschlossen. Ich war zu diesem Zeitpunkt in der Schule, der Oberschule 1. Und irgendjemand sagte plötzlich: »Draußen wird gestreikt.« Da wollte natürlich keiner mehr in der Schule bleiben. Der Lehrer weigerte sich, uns rauszulassen. Wir hatten aber einen Klassenraum, der so lag, dass man problemlos aus dem Fenster steigen konnte. Einer hat schließlich das Fenster aufgemacht und fast die ganze Klasse, ich weiß nicht, ob es alle waren, ist auf die Straße gesprungen und sofort auf die Binnengartenwiese geeilt. Dort war schon eine Riesenkundgebung im Gange. Einer der Hauptredner war ein Lehrer namens Fibelkorn, der dann später noch rechtzeitig flüchten konnte, als sich herausstellte, dass der 17. Juni gescheitert war. Ein anderer Redner hat es nicht geschafft oder wollte nicht flüchten. Der ist dann für Jahre im Gefängnis verschwunden. Auf diesem sehr großen Platz wurden zahlreiche glühende Reden gehalten. Dann stießen sie irgendeinen Funktionär in den Lober, der nebenan floss. In dem knietiefen Flüsschen konnte man jedoch nicht ertrinken. Das war aber auch schon das Einzige, was man als Gewaltanwendung bezeichnen könnte, was ich sah.

Von der Werkbank weg in ihren Arbeitsklamotten standen die Arbeiter vor uns. In Zwölferreihen kamen immer neue Gruppen anmarschiert. Einer, wohl ein Schmied, trug kein Transparent vor sich her, sondern eine Ofenplatte mit einem Spruch darauf. Das war schon sehr beeindruckend. Vor meinem inneren Auge tauchten Bilder auf, wie ich sie im Kino in Erinnerung an 1917, 1918 und die 20-er Jahre zigfach gesehen hatte. Plötzlich war

Kundgebung auf der Bitterfelder Binnengärtenwiese

es völlig unerwartete Wirklichkeit geworden. Dennoch hatte ich bei allem, was da ablief, ein merkwürdiges Gefühl. Nicht, weil ich Hellseher war, aber ich habe dem Frieden von Anfang an nicht so recht getraut. So einfach konnte ein Problem nicht zu lösen, eine Diktatur nicht zu beseitigen sein. Trotzdem hatte mich diese Stimmung gepackt, auch weil die Leute an ihre Kraft glaubten.

Ich war überrascht und auch fasziniert, wie sich sofort aus der Masse heraus einige Wortführer fanden. Wie auf einmal drei, vier Leute vor Tausenden sprachen, die wohl vorher noch nie vor mehr als fünfzig Leuten geredet hatten. Die vor allem die richtigen Worte fanden und so auch dazu beigetragen haben, dass dieser Volksaufstand ein friedlicher blieb. Er hat nicht damit begonnen, dass man als erstes ein paar Funktionäre aufhängte oder was auch immer, sondern dass gestreikt und geredet wurde. Die Ermahnungen: »Lasst euch nicht zu irgendwelchen unüberlegten Handlungen hinreißen«, wurden jedenfalls befolgt. Es war für kurze Zeit eine wunderbare

Gemeinschaft von wildfremden Leuten, die sich um den Hals fielen und für einen Augenblick wirklich dachten, jetzt winke die Freiheit. Vielleicht haben sie im Innersten aber auch schon geahnt, dass diese neue Freiheit nur von kurzer Dauer sein könnte. Denn wie hätte es gehen sollen?

In der Nähe unserer Wohnung befand sich die SED-Kreisleitung. Alles, was sich in dem Gebäude befand, wurde auf die Straße geworfen: ein Stalinkopf, diverse Möbel und ganze Aktenberge. Es wurde nicht geplündert, aber alles flog auf die Straße. Die Stimmung stieg zunächst weiter, nach dem Motto: Die Revolution hat gesiegt. Ich bin dann zu einem Freund in die Leninstraße gegangen. Ganz früher hieß sie Lindenstraße, dann Adolf-Hitler-Straße, dann Leninstraße, und jetzt heißt sie wohl wieder Lindenstraße. Seine Eltern hatten eine Wohnung gegenüber dem Gerichtsgebäude, von der aus wir das Geschehen beobachten konnten. Hinter dem Gericht war ein Gefängnis, dessen Insassen befreit werden sollten. Die ersten waren bereits draußen, als ein LKW mit Volkspolizisten ankam. Noch nie in meinem Leben hatte ich gesehen, wie man einen großen LKW durch ständiges Schaukeln zum Kippen bringen kann. Viele kräftige Arme hoben ihn auf der einen Seite an, andere auf der anderen Seite, so dass der LKW wie eine Puppe tanzte. Auf ein Kommando bekam er noch einen Stoß und er kippte um. Unter den Hallorufen der Leute wirbelten die Volkspolizisten wild durcheinander und ergriffen schnell die Flucht.

Noch eine ganz andere, gespenstische Schilderung verbinde ich mit dem 17. Juni. Eine Erzählung ging an diesem Tag wie ein Lauffeuer durch die Stadt. Schräg gegenüber dem Bahnhof gab es ein Gebäude, von dem niemand wusste, was sich darin abspielte. Nach Auskunft von Augenzeugen wurde es gestürmt und zum Vorschein sei ein unterirdisches Stasi-Gefängnis gekommen. Dort hätten die Gefangenen, so wurde weiter erzählt, bis zu den Knien im Wasser stehen müssen. Die Toiletten in den kleinen Wasserzellen seien in Brusthöhe angebracht und die Klodeckel von unten mit Nägeln gespickt gewesen. Bei der Erstürmung des Hauses sei kein Gefangener mehr anzutreffen gewesen, sie waren wohl vorher abtransportiert worden. Diese grausame Geschichte verbreitete jedenfalls Angst und Schrecken. Als ich selbst in das Haus gehen wollte, kam man nicht mehr rein. Zwei, drei Tage später, als der Aufstand zusammengebrochen war, wurden Leute, die diese Geschichte weiterverbreitet hatten, zu dem Haus geführt. Inzwischen war der Eingang zu dem unterirdischen Verlies zubetoniert worden, so dass es keinen Hinweis mehr auf ein Gefängnis gab. Also wurden sie wegen staatsfeindlicher Hetze angezeigt. All diese Erlebnisse, die real erlebten und die von anderen erfahrenen, waren für mich Anlass zum Bruch mit dem, was man DDR nannte. Ich war zwar schon vorher kein Freund dieses Systems gewesen, aber von diesem Zeitpunkt an war es endgültig aus. Ein Staat, der solche Methoden anwandte, um seine Bürger einzuschüchtern, der war auf Dauer kein Staat für mich. Andererseits wollte ich unbedingt noch mein Abitur in Bitterfeld machen. Im Westen in irgendeine Klasse hineinzuspringen, das habe ich mir sehr schwer vorgestellt. Nach dem Abi flüchtete damals die Hälfte meiner Klasse. Das war insofern kein großes Problem, als man einfach in den Zug stieg und im Westen wieder dort ausstieg, wo man wollte.

Ursprünglich wollte ich in der DDR bleiben, hatte vor, an der Filmhochschule in Babelsberg zu studieren. Ich glaube, diese Bewerbung wurde von der Schule gar nicht erst weitergereicht. Der zweite Studienwunsch war Architektur in Weimar. Dorthin wurde ich immerhin zu einer Eignungsprüfung mit einem schriftlichen und einem mündlichen Teil eingeladen. Den schriftlichen Teil hatte ich offenbar bestanden, und so kam ich in die mündliche Prüfung. Ob es nun Glück oder Pech war, dass ich bereits im Vorraum saß, als im Prüfungsraum die Kommission meine gesellschaftspolitische Beurteilung vorlas, lässt sich nicht mehr eindeutig entscheiden. Jedenfalls hörte ich durch die nur angelehnte Tür minutiös alle meine politischen Verfehlungen aufgelistet. Verfasst hatte diesen Bericht der FDJ-Sekretär unserer Schule, von dem wir alle nicht so recht wussten, was er eigentlich tat. Bis ins letzte Detail war da aufgeführt: Er hat im Ernteeinsatz beim Rübenverziehen das und das gerufen und hat am Soundsovielten das und das gesagt, sich soundso verhalten. Am 17. Juni 1953 hat er mit anderen zusammen die Klasse verlassen und sich den Staatsfeinden angeschlossen. Mein erster Impuls war: Da brauche ich gar nicht mehr reinzugehen. Dann aber stieg Trotz in mir auf, nach dem Motto: Nun erst recht. Da gehe ich rein und werde versuchen, sie mit ihren eigenen Waffen zu schlagen. Man wusste ja genau, was man sagen durfte und was nicht, um durchzukommen, was man gut finden durfte und was man schlecht finden sollte. Es war schon ein schizophrenes System, in dem man sich bewegen musste, um zu überleben. Natürlich hat man auch Kompromisse geschlossen. So erinnere ich mich, fast auf dem Wege der Erpressung, irgendwann mal in die Gesellschaft für deutsch-sowjetische Freundschaft eingetreten zu sein. All diesen Zirkus hat man mitgemacht, aber immer nur bis zu einer Grenze, an der man dann doch Nein sagen musste. Also, das Blauhemd hatten wir auf Kundgebungen bis zur Tribüne an. Drunter hatten wir bereits das Nickihemd. Schon in der nächsten Kurve entledigten sich meine Freunde und ich des verhassten FDJ-Hemdes. Dafür hatten wir schon eine Tasche dabei. Diese Art von, wenn man so will, kindlich-naiver Notwehr war auch eine Art Selbstrettung. Die Frage war immer, verbiegt man sich so, dass man den Schwindel, den man als Schwindel erkannt hat, bereits so verinnerlicht hat, dass man am Ende gar nicht mehr merkt, in welchem Schattenreich man sich eigentlich bewegt. Das ist es auch, was ich den Machthabern von damals so vorwerfe: dass sie die Entscheidungsfreiheit der Menschen, die ihnen ausgeliefert waren, vorsätzlich auf jede erdenkliche Weise behindert haben. So wurde ein System von Heuchelei aufgebaut und unterhalten, über das im Grunde alle Bescheid wussten, die es wissen wollten.

Das Eignungsgespräch in Weimar hat mich auf eine seltsame Weise befreit, indem ich vor diese Kommission treten und endlich das sagen konnte, was ich wirklich dachte. So wurden mir unter anderem abstrakte Arbeiten von Picasso vorgelegt. Die sollte man natürlich schlecht finden. Ich fand sie aber gut, denn Picasso sei schließlich der Schöpfer des Weltjugendfestspielplakates und der berühmten Friedenstaube. So hielte ich es für schizophren, dass wir einerseits den Picasso der Friedenstaube großartig finden, aber seinen anderen Arbeiten ihre Geltung absprechen sollten. Die nächste Frage war, weil ich ja Architektur studieren wollte, welche Städte ich schon gesehen hätte. Paris und Brüssel antwortete ich. Vor dem Mauerbau konnte man vom Westen aus mit einem Behelfspass diese Reisen machen. Natürlich durfte man das nicht zugeben. Das ganze Gespräch verlief wie ein Katz-und-Maus-Spiel.

Erwartungsgemäß wurde mir das Architekturstudium versagt. Als drittes Berufsziel hatte ich Kunstlehrer mit dem Studienort Berlin angegeben. Es gab damals in der DDR einen ziemlichen Mangel an ausgebildeten Lehrern im Fach Kunsterziehung. Hintergrund meiner Entscheidung war auch, dass man eine Zeit lang nicht ohne triftigen Grund eine Fahrkarte nach Berlin bekam. Aber auch dieser Berufswunsch wurde mir verwehrt. Schließlich rief mich der Rektor meiner Schule zu sich und erklärte mir, er werde sich erst mal um eine Maurerlehrstelle für mich bemühen, falls es später doch noch mit dem Architekturstudium klappen sollte. Meine Erwiderung war nur: »Gucken Sie sich meine Hände an, nichts gegen Maurer, aber ich werde nie ein guter Maurer werden. Also vergessen Sie das.« Nach diesem Gespräch packte ich meine Sachen zusammen, schaffte noch meine Führerscheinprüfung, stieg in den Zug gen Westen und kam nicht mehr zurück.

Die Entscheidung für meine Flucht ist sicher schon eher gefallen, denn bereits mit sechzehn Jahren war ich der Überzeugung, dass ich mich in der DDR nicht so würde entfalten können, wie ich es gerne wollte. Auch alle meine Freunde dachten so und verließen sie nach und nach. Es war ein großer Aderlass. Ganze Jahrgänge haben der DDR den Rücken gekehrt, darunter die Mobilsten und Aktivsten. Es sind die geblieben, die ihren Frieden mit dem System gemacht hatten, von ihm überzeugt waren oder einfach nur ihre Heimat nicht verlassen wollten oder konnten.

Zurück zum 17. Juni. Ich werde nie vergessen, wie wir lange Zeit auf dem Schulhof herumstanden und diskutierten, als der Aufstand schon zusammengebrochen war. »Sie müssen jetzt wieder reinkommen«, sagten die Lehrer, »der Spuk ist vorbei und der Unterricht geht weiter.« Aber wir weigerten uns hartnäckig, in die Klasse zurückzukehren. Ich erinnere mich noch an eine linientreue Frau, die mit ihrem Fahrrad auf den Schulhof kam und mit uns diskutieren wollte und meinte: »Wir Hausfrauen können doch auch nicht streiken.« Ich antwortete: »Das ist ihr Problem, aber Sie sehen ja, wir machen es einfach.« Irgendwann gingen wir dann doch als Letzte wieder in unser Klassenzimmer. Wenn man so will, sind es lächerliche Details der Weltgeschichte, aber für uns bedeuteten sie viel. Wir wussten sehr genau, dass wir ab jetzt einen noch schwereren Stand haben würden.

Bitterfeld besaß seinerzeit eine Art Sonderstatus. Der Ort war in gewisser Weise Endstation für viele. Nach Bitterfeld zog man in der Regel nicht freiwillig. Und Ärzte gingen erst recht nicht freiwillig dorthin. Dennoch ist es auch für mich bis heute meine Heimat. Die objektiv vorhandenen Umweltschäden quälten die Arbeiterschaft nicht so sehr, wie man das annehmen könnte. Schließlich verdiente man dort stets mehr als anderswo. Die Leute waren viel trauriger, als 1990 die meisten Betriebe dicht machten und sie deshalb keine Arbeit mehr hatten. Sie hätten die Umweltschäden sicher weiter in Kauf genommen, wenn ihnen ihr Arbeitsplatz erhalten geblieben wäre. An den ständigen Gestank und Dreck hatten sich viele längst gewöhnt. Wegen dieser Situation ging es politisch etwas freier zu als anderswo. Man konnte schon mal einen politischen

Witz erzählen, ohne gleich Gefahr zu laufen, denunziert oder gar eingesperrt zu werden.

In Bitterfeld hatten vor 1933 die Kommunisten eine Mehrheit, nach der Machtergreifung dann die NSDAP. Nach 1945 kippte man mehrheitlich wieder zurück. Meine Mutter kannte einen – wie man so schön sagt – aufrechten Kommunisten. Er hatte die gesamte Zeit der Nazidiktatur im KZ verbracht. Nach seiner Befreiung wurde er Leiter eines Braunkohlenbetriebes. Da politisch alles nicht so lief, wie er sich das vorgestellt hatte, ließ er wohl hin und wieder verlauten, dass er dafür nicht zwölf Jahre im KZ gelitten hätte. Für diese Kritik wurde er wieder eingesperrt. Solche Beobachtungen haben mich schon sehr früh verunsichert. In jungen Jahren sucht man ja nach Orientierung. Und das, was da zunächst als theoretisches Modell des Kommunismus angeboten wurde, war ja gar nicht so schlecht: Frieden, Gleichheit und Klassenlosigkeit, dass alle Menschen gleiche Chancen haben sollen und, und, und. Auch dass das Eigentum nicht das zentrale Instrument sein sollte, um Menschen einzuteilen, war überzeugend. Schließlich wurde man aber mit einer Wirklichkeit konfrontiert, die mit all den schönen Theorien kaum etwas zu tun hatte. So gab es beispielsweise im Elektrochemischen Kombinat mehrere unterschiedliche Essen: für die Direktion ein Essen, für den Mittelbau eines, und die Arbeiter bekamen wieder ein anderes.

Eines Tages sah ich zum ersten Mal, wie sowjetische Soldaten der kleinen Bitterfelder Garnison an unserem Haus zu einer Übung vorbeigetrieben wurden. Die einfachen Soldaten waren stets in einem jämmerlichen Zustand, wirklich arme Teufel. Sie trugen offensichtlich dieselben groben, ihnen selten passenden Uniformen, mit denen sie den ganzen Krieg hindurch gekämpft hatten. In der Stadt wurde erzählt, dass sie bei jeder Gelegenheit von ihren Vorgesetzten geschlagen würden. Ausgang hatten sie offenbar nur, wenn sie einem der geschniegelten und gebügelten Offiziere irgendein Köfferchen hinterher tragen mussten. Mich hat diese menschenverachtende Behandlung immer angewidert. Das sollte also nun der Kommunismus sein, der uns jeden Tag angeboten wurde? Meine Sympathie galt den einfachen Soldaten, nicht den arroganten Offizieren.

Diese realen Eindrücke entsprachen natürlich nicht den Texten in unserem Russischbuch oder dem Gegenwartskundeunterricht. Diese Wirklichkeit war abstoßend. Wer das nicht sehen wollte, na gut, der sah es nicht, sondern betrog sich mit den Ritualen der offiziellen deutsch-sowjetischen Freundschaftstreffen. Ich hatte innerlich längst mit all dem abgeschlossen und bin heute noch froh, dass ich keine Gelegenheit mehr bekam, etwa wankelmütig zu werden. Das hängt sicher auch damit zusammen, dass in Bitterfeld die Konturen besonders deutlich waren.

Damals endeten unsere Schulaufsätze immer mit: Es lebe die siegreiche Sowjetunion! Das war so ein Standardsatz, egal ob er passte oder nicht. Auf diese Weise nahmen wir in der Schule auch nichts mehr richtig ernst. Eigentlich ist es das, was von dieser Zeit als Erinnerung geblieben ist als. Und der 17. Juni war ein Versuch, all das abzuschütteln.

Ich bin am 19. Juni zum ersten Mal um mein Leben gerannt, als plötzlich die sowjetischen Panzer in Bitterfeld einrückten. Trotzdem haben wir versucht, diesen armen russischen Soldaten klarzumachen, dass sich hier das Volk erhoben hatte. Wir hatten ja Russisch gelernt, wie schlecht auch immer. Aber die russischen Soldaten kannten auf unsere Bemühungen nur eine Antwort: Faschist. Ihnen hatte man eingeredet, die Faschisten seien zurückgekommen. So waren sie dann auch bereit, sich gegen das Volk zu wenden. Die sowjetischen Soldaten konnten ihre Kasernen ja nur selten verlassen. Kaum jemand lebte in der DDR so isoliert wie die einfachen Soldaten. Da war es ein leichtes, ihnen einzureden, dass es sich um einen faschistischen Aufstand handele, der niedergeschlagen werden müsse, von dessen Notwendigkeit sie dann innerlich wohl auch überzeugt waren. Später gab es Gerüchte über sowjetische Soldaten, die dennoch übergelaufen sind und standrechtlich erschossen wurden. Jedenfalls hat, glaube ich, zwei Tage, wenn nicht gar drei Tage so eine Art freier Zustand in Bitterfeld geherrscht. Dann rückten die Russen ein und es wurde auch vereinzelt geschossen. Schießen sie in die Luft oder schießen sie scharf? Keiner wusste ja, wie es ausgeht.

Danach kam die große Depression. Das Bitterfelder Stasi-Gebäude wurde in eine andere Straße verlegt, um es aus dem Blickfeld zu haben. Kurzzeitig traf man überall auf den »großen Bruder«. Die Funktionäre, die sich für kurze Zeit verkrochen hatten, waren plötzlich alle wieder da. Ich glaube, am ärmsten waren die dran, die ihr Leben der Idee des Kommunismus verschrieben und dafür auch große Opfer gebracht hatten und nun vor einem Scherbenhaufen standen. Dass jede Form des Sozialismus in einer Art Gesamthaftung nun immer wieder neu gleich mit abgestraft werden soll, gehört zu den bitteren Folgen dieser Entwicklung, gegen die man sich dennoch energisch zur Wehr setzen muss. Das soll nicht verschwiegen werden. Gegen den Faschismus haben auch viele Kommunisten gekämpft, die dann sehr schnell beiseite geschoben wurden.

Die nach dem fehlgeschlagenen Arbeiteraufstand Inhaftierten waren die wirklichen Verlierer, die sich geopfert hatten. Der 17. Juni war, so verrückt das vielleicht klingt, für mich der letzte Appell, einen Sozialismus mit menschlichem Gesicht anzumahnen. Ich werfe den Machthabern in der DDR bis heute vor, dass sie eine Menschheitsidee von Freiheit und Gleichheit derart mit Füßen getreten und zum Schimpfwort haben werden lassen. Nur die dogmatisch Verbohrten und die Ideologen, die immer irgendeinen Gott über sich brauchen, die mit einer religiösen Erwartungshaltung an Politik herangehen, wollen das allerdings immer noch nicht zur Kenntnis nehmen und halten das System DDR nur für einen kleinen Unfall der Geschichte. Es gibt eine religiöse Politikgläubigkeit, die sich im Stalinismus noch verrückter ausgetobt hat. Es ist doch kaum nachvollziehbar, dass Verurteilte noch vor den Erschießungskommandos Stalins gerufen haben: »Es lebe Stalin!« Wahrscheinlich glaubten sie tatsächlich, dass irgendeine Verschwörung hinter allem steckte, weil das System selbst für sie ja fehlerlos schien. Wer wollte schon Opfer einer kriminellen Maschinerie sein, an der sie selbst mitgearbeitet hatten. Man kann versuchen, diese Haltung zu verstehen, ein Irrsinn bleibt es trotzdem. So hat man meiner Generation in der DDR den Glauben an die Idee des Kommunismus schon früh gründlich ausgetrieben. Der 17. Juni war ein Schlüsseldatum für diese Entwicklung.

Gaby Waldeck

Über die Autorin

Regine Möbius, Jahrgang 1943, studierte an der Ingenieur-schule Köthen Chemische Verfahrenstechnik und später in Leipzig am Institut für Literatur »Johannes R. Becher«. Seit 1987 freischaffend, arbeitete sie als Korrespondentin des Bör-senblatts für den deutschen Buchhandel, als Honorardozentin und ist seit 1997 stellvertretende Bundesvorsitzende des Ver-bandes deutscher Schriftsteller (VS). Ihr Band »Autoren in den neuen Bundesländern – Schriftstellerporträts« fand bundesweit Beachtung.

130 Jahre Zuchthaus

Achim Beyer

Urteil: 130 Jahre Zuchthaus
Jugendwiderstand in der DDR
und der Prozess gegen die
„Werdauer Oberschüler" 1951

Paperback, 110 Seiten mit zahlr. Abb.
ISBN 3-374-02070-4

Fünfeinhalb Jahre seiner Jugend musste Achim Beyer unter den menschenverachtenden Haftbedingungen des frühen SED-Staates verbringen. Aus Protest gegen die ersten Scheinwahlen 1950 hatte er mit einigen Freunden Flugblätter in der westsächsischen Kleinstadt Werdau verteilt.

In einem brachialen politischen Prozess wurden 19 Jugendliche zu insgesamt 130 Jahren Zuchthaus verurteilt. Dieses Buch analysiert die damaligen Vorgänge anhand der heute zugänglichen Akten und schildert die Ereignisse aus der Sicht eines persönlich Betroffenen.

EVANGELISCHE VERLAGSANSTALT
Leipzig

www.eva-leipzig.de